우리 인문학과 영상

HUMANITIES &
VISUAL STUDIES

우리 인문학과 영상

HUMANITIES & VISUAL STUDIES

인문학과 영상의 다섯 가지 만남

영상역사학 · 김기덕

영상민속학 · 김덕묵

영상사회학 · 김현숙

영상인류학 · 이문웅

영상고고학 · 임세권

푸른역사

　　최근 인문학은 여러 가지 중첩된 어려움에 직면해 있다. 흔히 '인문학의 위기'로 표현되는 지금의 현실에 대하여, 그것의 원인 및 처방을 둘러싸고 그동안 수많은 논의들이 축적되어왔다. 물론 아직도 그러한 논의들이 확연히 정리되지는 못하였으나, 문제의 해결은 크게 두 가지로 모아지지 않을까 한다. 하나는 국가 정책적 차원에서 인문학의 중요성을 제고시키는 일이고, 다른 하나는 새로운 변화에 적응하면서 인문학 담당자들이 적절한 내용적 적응을 해나가는 일이다. 즉 전자는 외부의 변화를 유도하는 것이고, 후자는 인문학 내부의 변화를 모색해나가는 것이라고 할 수 있다.

　　본 책의 기획은 후자에 바탕하여 마련된 것이다. 이것만이 유일하다거나 아니면 가장 적절하다고 결코 생각하지 않는다. 그러나 적어도 지금의 디지털 기술에 수반한 사회 변화에서 인문학이 영상과 결합되어야 하는 필요성과 여러 가지 효용을 분명히 주장하고자 한다.

본 책의 구성과 관련하여 몇 가지 해명해야 할 것이 있다. 비록 이러한 전후 사정이 이 책을 처음 접하는 분들에게는 그리 중요하지 않은 사항일지라도, 본 책의 책임기획자의 입장에서는 밝히지 않을 수 없다. 그리고 이 점은 인문학 내부에서 영상과 관련된 학계 동향의 일부를 파악할 수 있다는 점에서, 모든 이들에게도 유용한 측면이 있다고 생각한다.

주지하듯이 디지털 혁명과 그에 수반한 인터넷의 광범위한 확산은 앞으로 우리의 삶에 영상문화를 만개시킬 것이다. 이러한 사회 흐름에서 기획자는 2000년 5월 제43회 전국역사학대회에서 '영상역사학'을 제창하는 글을 발표하였고, 그해 9월에 《역사교육》에 게재하였다(〈정보화시대의 역사학 : '영상역사학'을 제창한다〉, 《역사교육》 75).

그러나 인문학과 결합된 영상의 문제는 역사학보다는 인류학이나 민속학에서 이미 그 역사가 오래되었다. 그것은 학문 특성에 비추어볼 때 그러한 분야들이 좀더 쉽게 영상과 결합될 수 있었고, 영상을 활용할 필요성이 컸기 때문이다. 따라서 역사학에 있어서 영상의 문제를 좀더 천착하기 위해서는 다른 분야에서 축적된 연구방법론을 살펴볼 필요가 있었으며, 아울러 역사학 측면에서도 영상과 관련하여 좀더 심도 있는 논의가 필요하였다. 그 결과 기획자는 2001년 제44회 전국역사학대회에서 자유 패널로 '영상역사학 분과'를 조직하였고, 그때 다음과 같은 발표와 토론이 있었다.

1. 영상역사학의 현황과 과제(박경하, 중앙대)

2. 영상기록 보존소로서의 영상실록 아카이브(박성미, 서강대)

3. 역사가와 다큐멘터리(김기덕, 건국대)

4. 역사교육에서 영상매체의 활용과 과제(최현삼, 중앙고)

5. (인접학문과의 연계 1 : 영상인류학) 역사학과 민족지영화(이문웅, 서울대)

6. (인접학문과의 연계 2 : 영상사회학) 영상사회학의 발전과 영역의 확대(김현숙, 한국예술종합학교)

7. (인접학문과의 연계 3 : 영상민속학) 민속연구에서 영상자료의 가치와 활용방안(김덕묵, 국립문화재연구소)

8. 애니메이션, 게임에 나타난 역사성 고찰(정근원, 미래영상연구소장)

토론 : 김익한(명지대 기록관리학과), 김현식(한양대 사학과), 서재석(KBS 〈역사스페셜〉 책임 PD), 이상훈(방송진흥원 디지털아카이브센터), 조관연(외국어대 외국학종합연구센터 영상문화실), 주강현(우리민속문화연구소장)

당시 발표는 너무 많았고 그에 비해 논의를 모으는 시간은 부족하여 비록 체계적인 정리는 이루어지지 못했지만, 영상의 문제와 관련된 인문학적 검토를 종합적으로 시도해봄으로써 새로운 전망과 방향성을 가늠해볼 수 있는 좋은 기회였다.

기획자는 위의 패널 발표와 거기서 논의된 내용들을 단행본으로 엮는 것이 필요하다고 생각하였다. 그러나 원고를 모으는 과정에서 몇 가지의 문제점이 나타났다. 일부 필자는 스스로 내용이 부실하다는 이유로 원고를 제출하지 않았고, 전체적으로 보아 다소 내용이 산만하기도 하였다.

그 결과 원래의 계획을 변경하여 기획자는 본 책의 구성처럼, 패널 발표에서 인접학문과 연계되었던 〈영상인류학〉, 〈영상사회학〉, 〈영상민속학〉 부분과 기획자가 2000년에 발표했던 〈영상역사학〉 관련 글만을 묶어 단행본으로 하기로 하였다. 결과적으로 나머지 글들이 빠지게 되고, 패널에서 토론해준 토론자들의 귀한 제언을 담을 수 없게 된 것을 죄송스러우면서도 무척 아쉽게 생각한다.

본래 패널을 기획할 당시 인접학문과의 연계에서 〈영상고고학〉도 기획하였으나, 발표자를 구하지 못하여 생략할 수밖에 없었다. 그러나 위와 같은 내용으로 단행본을 꾸리려다보니 다소 분량이 적기도 하거니와 고고학에서의 영상의 문제를 생략할 수가 없었다. 그래서 기획자는 안동대학교의 임세권 교수에게 〈영상고고학〉에 관한 글을 부탁드렸고, 짧은 기간임에도 사명감을 갖고 임 교수님께서는 글을 만들어주셨다. 이에 다섯 편의 글을 모아 《우리 인문학과 영상》이라는 제목으로 책을 펴내게 되었다.

아무쪼록 《우리 인문학과 영상》이 '인문학의 위기'와 관련된 지금의 현실에서 어느 정도 대안의 역할을 수행할 수 있기를 희망한다. 이 책이 이 정도의 모습이라도 갖출 수 있었던 것은 무엇보다 2001년 패널에서 발표자와 토론자, 그리고 그 자리에서 좋은 제언을 해주신 여러분들의 도움이 있었기에 가능할 수 있었음을 이 자리에서 다시 한 번 감사드린다.

참고로 2001년 패널에서 빠진 몇 편의 글은 《역사민속학》 14집 (한국역사민속학회, 2002년 6월 30일)에 관련 글들과 함께 게재되었다. 이 또한 '인문학과 영상'이라는 본 책의 주제와 밀접히 관련되므로 이 자리에서 소개해둔다.

〈역사민속과 영상기록〉

1. 김기덕 : 영상역사기록의 시대적 의미
2. 박성미 : 영상기록 보존소로서의 영상실록 아카이브
3. 박경하 : 영상기록 현황과 역사민속학
4. 이경민 : 사진 아카이브의 현황과 필요성

본 책에 수록된 다섯 편의 글은 역사학·민속학·사회학·인류학·고고학 등 학문분야는 다양하지만, 공통적으로 '인문학'과 '영상'과의 결합을 주제로 새로운 문제의식을 제기한 것이다. 크게 보아 본 책의 저자들이 강조한 것은 다음의 두 가지로 요약할 수 있다.

첫째, 영상기록의 강조이다. 오늘날 디지털기술에 기반한 영상문화의 발전은 기존의 문서기록 창출 방식과는 다르게, 영상기록 창출의 효용과 중요성을 새롭게 제시해주었다. 어떠한 분야보다 기초자료를 중시하는 인문학은 이러한 변화를 적극 활용해야 한다.

둘째, 순수 영상기록과 그것을 가공하여 만들어진 영상작품(뉴스·다큐멘터리 등) 그리고 허구의 상상력을 가미한 영상작품(사극·영화 등)은 모두 영상물에 반영된 시대 그리고 영상물이 실제 만들어진 시대를 읽어낼 수 있는 중요한 자료들이다. 따라서 '시대'와 '사회'를 해석하는 자료로 다양한 영상물 또한 적극 활용될 필요가 있다.

본 책의 저자들은 위와 같은 문제의식을 각자의 전공 영역에서 제기해보았다. 앞으로 본 책의 문제의식을 기반으로 구체적인 연구 성과들이 활발히 생산될 수 있기를 희망한다.

끝으로 본 글에서 사용한 '영상'이라는 용어는 필자들 대부분이 동영상을 염두에 둔 것이다. 그렇다고 정지영상인 사진의 중요성을 소홀히 하는 것은 아니다. 사진 자료의 처리 문제도 지금의 활용 방식과 보존 차원과는 다르게 본격적으로 검토되어야 할 것이나, 필자들 대부분은 일단 본 책에서는 동영상의 문제를 중심으로 논지를 전개하였음을 밝혀둔다.

2002년 8월
책임기획 김기덕

차례

【영상역사학】 1

정보화시대의 역사학 : '영상역사학'을 제창한다

김기덕

본 글은 역사학의 새로운 분야로서 '영상역사학'을 제창한 글이다.
역사학에서도 그동안 부분적으로는 영상물을 활용하여왔으나,
최근의 디지털 기술과 인터넷의 확산은 좀더 적극적인 '역사'와 '영상'의
만남을 요청하고 있다. 본 글은 그러한 역사와 영상의 만남을 총체적으로 조명해본
글이다. 그러나 그 의미를 강조하기 위하여 구체적인 분석보다는 먼저 인터넷시대의
역사적 의미를 추적해보고, 아울러 영상역사학의 범주와 과제를 제시해본 글이다.
본래 2000년 5월 제43회 전국 역사학대회에서 발표하였고,
그해 9월 《역사교육》에 실린 글이다. 이 책에 다시 수록하면서 지금의 시점에서
보면 미흡한 점이 많으나, 원문은 거의 건드리지 않았다.
단 필요한 경우 '보주'를 통하여 보완하였음을 밝혀둔다.

'인터넷'으로 상징화되는 정보통신 분야의 급격한 발전이 서기 2000년이라고 하는 새로운 밀레니엄의 시작과 맞물리면서, '디지털 혁명'이라고 하는 담론이 세상을 온통 뒤덮고 있다. 당대인은 항상 자신이 사는 세상이 급격한 변화의 시대라고 규정짓는다지만, 지금의 세상 흐름은 정말 예사롭지 않아 보인다.

이러한 새로운 변화의 과정에서 우리나라의 인문학은 최근 몇 년 동안 '인문학의 위기'라는 담론을 앞세우며 나름대로의 해결책을 모색해왔다. 필자가 생각하기로는, 그동안 우리나라의 정부나 기업은 정보화 사회로의 진행 과정에서 인문학적 가치의 중요성을 크게 인식하지 못하였다. 그것은 '정보화'라는 것을 자본과 기술의 논리로만 보는 근시안적 안목 때문이었다. 그러나 인문학도 철저한 자기반성의 부족과 새로운 변화에 대하여 소극적인 대응 태도를 보여왔다고 생각한다.

오늘날 정보화시대의 양대 축을 '기술'과 '콘텐츠'라고 했을 때, 과연 우리에게 콘텐츠가 있는가? 콘텐츠의 범주는 넓지만 주된 것은 결국 인문학의 바탕 위에서 이루어지는 것이다. 우리는 항상 유구한 역사를 자랑하고 뛰어난 전통문화를 내세우지만, 현재 정보화시대에서 제대로 내세울 수 있는 콘텐츠는 거의 없는 실정이다. 정보화 사회의 전개 과정에서 지금까지는 '기술'의 문제에만 온통 신경을 썼지만, 앞으로는 콘텐츠가 본격적으로 문제될 것이다.[1] 기본적으로 기술은 모방이 가능한 것이지만 콘텐츠는 쉽게 모방할 수 없는 것이다. 콘텐츠는 한 나라의 오랜 문화전통 위에서 새롭게 재창조되는 것이기 때문이다. 왜 이렇게 되었는가? 그것은 인문학적 가치를 소중하게 생각할 여유를 갖지 못했던 지난 30년간의 모방 위주의 경제 성장 과정이 가져온 필연적인 결과라고 필자는 생각하고 있다. 그리고 이 점에 대해서는 인문학 자체에서도 철저한 반성이 있어야 한다.[2]

변화의 흐름이 거센 지금의 시점에서 인문학은 보다 거시적인 안목으로 시대를 해석하고 스스로의 존재 이유를 치열하게 탐색해야 한다. 그리하여 이 시대의 흐름의 본질이 과연 무엇이며 그 속에서 인문학은 진정 무엇을 기여할 수 있는가를 천착해야 할 것이다. 특히 역사학은 현재의 기술적 진보에 과연 어떠한 새로운 문명사적 의미가 담겨 있는가를 추출해야 할 것이다. 인류 역사에 있어 전환점의 인식, 그리고 그 전환의 올바른 방향과 진정한 주역(主役)이 누구인가를 알기 위하여 우리는 과거 역사를 돌아봐야 한다. 그러므로 현재의 진행 과정에 대한 정확한 의미 부여는 결국 디지털 기술자의 몫이 아니라 역사가의 책무인 것이다.

본 글은 이와 같은 문제의식에서 먼저 인터넷 시대의 역사적 의미를 추적해보았다. 그리고 다음으로는 그러한 시대의 흐름 속에서 역사학에 새롭게 부여된 소임으로서 '영상역사학(映像歷史學)' 이라는 구체적인 대안을 제시해본 것이다.

1 인터넷 시대, 그 역사적 의미

현재 진행되고 있는 정보통신 분야의 급격한 발전은 인류사의 전
개에 있어 제1차 농업혁명과 제2차 산업혁명에 이어, 이제 많은
사람들에 의해 제3차 정보통신혁명의 시대라고 규정되고 있다.[3]
정보통신혁명이라고 이름 붙인다면 그 핵심은 정보의 디지털화이
므로 그것은 '디지털 혁명' 이라고도 할 수 있으며, 그 구체적인 실
현 모습은 대표적으로 '인터넷' 을 통해 구현되고 있다.

물론 지금의 시대를 혁명의 시대라고 규정하는 것에 대한 반론
도 만만치 않다. 19세기와 20세기에 걸쳐 철도 · 전기 · 텔레비전
등 각종 새로운 발명품이 등장할 때도 이러한 것들이 곧 세상을
완전히 바꾸어놓을 것이라는 담론이 한 차례씩 휩쓸고 지나갔다는
것이다.[4]

이 자리에서 현재의 상황이 인류사의 새로운 전환을 가져오는

'혁명'의 시기인지, 아니면 뛰어난 기술적 진화물(進化物)의 한때의 초기적 급성장에 불과한 모습인지를 판별하고자 하는 것은 아니다. 여기에 대하여 많은 논쟁이 전개되고 있으나 디지털 혁명의 원대한 꿈을 선전하는 사람이든, 아니면 다분히 냉소적인 시각으로 현재의 거품이 곧 꺼지리라 예측하는 사람이든, 어느 쪽도 아직 이 시대의 구체적인 모습과 그 작동 원리를 정확히 예측할 수 있는 상황은 아니다. 그러므로 지금의 역사 진행 과정이 과연 어디까지 세상을 변화시킬 것인지를 현실로 증명하기까지에는 아직도 많은 시간이 필요할 것이다. 그런 점에서 본 글도 어떤 지향점을 그리면서 전개하는 하나의 입장임을 고백하면서, 필자가 생각하는 역사적 맥락에서 오늘의 시대 흐름을 파악해보고자 한다.

신자유주의와 인터넷

인류가 막 페이지를 넘긴 20세기는 혁명의 시대였다. 그리고 그 중심에 마르크스주의가 있었다. 산업혁명으로 새롭게 탄생한 자본주의를 유지 · 발전시킬 것인가, 아니면 마르크스주의에 입각한 사회주의혁명으로 자본주의의 모순을 해결할 것인가 하는 것이 지난 20세기를 관통하는 인류 사회의 주제였다.

20세기가 끝나갈 무렵 사회주의권이 무너지기 시작하였다. 1989년 동구 사회주의권이 몰락하고 1990년 소련이 붕괴되었다. 그것이 마르크스주의 자체의 종언은 아닐지라도, 한 세기를 풍미했던 현실의 사회주의 실험은 일단 실패했다. 곧이어 신자유주의의 시장 원리에 기초한 '세계화'의 물결이 전 세계를 휩쓸었다.[5]

디지털 혁명과 그 대표적 표상으로서의 인터넷 또한 바로 그 시기에 폭발적으로 확산되었다. 지금은 누구나 사용하는 WWW (World Wide Web)가 1991년에 만들어졌고, 1993년에는 WWW 홈페이지를 보여주는 검색 소프트웨어 '모자이크'가 공개되었다. 그리고 그것은 곧 '넷스케이프'로 발전되어 인터넷의 확산에 불을 질렀다. 1993년 전 세계적으로 인터넷 홈페이지는 불과 130개 정도밖에 되지 않았던 것을 생각하면 얼마나 빠른 속도로 인터넷의 확산이 이루어졌는지를 실감할 수 있을 것이다.

　이처럼 20세기 가장 마지막 10년간의 인터넷 확산 시기는 거의 정확하게 미국을 중심으로 하는 신자유주의의 세계화 과정과 일치한다. 이 시기의 미국은 유례없는 호황을 지속하면서, 지금의 미국 자본주의를 최고의 전성기로 이끌었다. 따라서 디지털 혁명에 수반된 인터넷의 확산은 곧 미국화된 세계화의 관철 과정으로서, 그것은 민족 개념도 희석시키고 국가 경제도 허물어버리는 그야말로 가진 자, 힘센 자만이 승리하는 자본주의 모순의 정점으로 해석될 여지도 있을 것이다.

　역사에는 전성기도 있으며 변동기도 있다. 변동기는 이전 시대의 찌꺼기와 다가올 시대의 새로움이 혼재하는 시기다. 지금이 디지털 혁명의 시대라면 무엇이 찌꺼기이고 무엇이 새로움인가? 지난 10년간의 표피적인 현상처럼 과연 신자유주의의 세계화 과정과 인터넷은 그 성격을 같이하는 동반자일까, 아니면 하나는 찌꺼기이고 하나는 새로움으로 보아야 할까? 그것을 판별하는 가장 중요한 근거는 도대체 인터넷의 확산을 가져온 동인(動因)이 무엇인지를 찾는 일이 될 것이다.

인터넷 출현의 동인(動因)

먼저 《타임》지가 지난 1천 년간의 중요 뉴스 순위에서 가장 큰 사건으로 꼽았던 활판인쇄를 생각해보자. 1455년 구텐베르크에 의해 대량으로 인쇄된 성서의 출간은 단순한 기술사적 사건이 아니었다. 당시 15세기의 유럽은 생활수준이 높아지면서 지식인층이 늘어나고, 교회의 허가 없이 자유롭게 지식을 얻고 싶어하는 중산계급의 지식욕이 왕성했다. 즉 지식정보에 대한 교회의 독점에서 일반인도 정보를 갖고 싶다는 사회 변화에 조응하여 인쇄 기술이 출현하였던 것이다.[6] 그렇다면 지난 10년간의 디지털 기술의 발전과 인터넷의 확산은 어떠한 사회적 동인에 조응하는 기술적 발전인 것인가?

여기에서 우리가 다 잘 아는 인터넷이라는 용어를 다시 한 번 생각해보자. 인터(inter)와 네트워크(network)의 합성어라 할 수 있는 인터넷은 그야말로 정보통신상의 망(網)을 통하여 세계의 이쪽 끝에서 저쪽 끝을 자유자재로 연결하고 있다. 흔히 인터넷 시대의 키워드라고 말하는 인터랙티브(interactive)와 커뮤니티 (community) 또한 자못 그 의미가 심장하다.[7] 어느 한쪽의 일방적인 단선(單線)이 아니라 서로 주고받는 쌍방향(雙方向)의 특징과 다같이 알고 다같이 누리는 인터넷의 특징은 사실상 인류사의 전혀 새로운 경험인 것이다.

'정보화'의 본질은 결코 예전에는 상상도 하지 못했던 산더미처럼 쌓인 정보의 엄청난 물량을 뜻하는 것이 아니다. 그러한 물량적인 측면보다는 어떠한 정보이든 누구나 쉽게 공유(共有)할 수 있다는 것이 정보화의 진정한 본질이다. 결국 모두가 '연결' 되어 '하나' 가 되면서 정보를, 그리고 그것이 더 발전하여 의식을 공유할 수 있다는 것, 그것이 인터넷이 구현해낼 수 있는 이 시대의 현실이요 희망이다.

그것은 한마디로 대중민주주의(大衆民主主義)의 구체적인 실현과정이라고 할 수 있다. 자본주의 체제를 완전히 바꾸고자 했던 마르크스주의의 현실적인 실험은 실패했다. 그러나 소수(少數)가 다수(多數)를 자본의 방식으로 불공평하게 지배하는 것을 시정하고자 했던 마르크스주의나, 아니면 같은 자본주의 안에서의 시도일지라도 자본주의의 모순을 완화하고자 했던 많은 사람들의 개혁적 노력은 결코 헛되지 않았다. 한 세기에 걸친 모진 갈등 끝에 이제 소수의 독점자를 무력화시키고 진정한 다수의 시대가 될 수 있는 형식적 그릇, 곧 인터넷이 출현한 것이다.

그러므로 디지털과 인터넷의 출현 또한 단순한 기술의 발전사로 보아서는 안 된다. 그것은 다수의 시대, 참다운 대중민주주의를 실현해야겠다는 대중의 결집된 열망이 사회적 동인(動因)이 되어 촉발된 기술사적 조응인 것이다. 왜 오늘날의 정보통신상의 발전과정이 필연적으로 디지털 방식으로 갈 수밖에 없는가? 그것은 기존의 아날로그 방식으로는 다수 · 대중을 구현할 수 없기 때문이다. 또한 지난 10년간의 인터넷 역사를 추적해보면 '독점 · 소수 · 단선(單線)' 의 입장에 선 프로젝트나 기업은 몰락하였고, '공개 · 다수 · 공유 · 쌍방향' 의 입장에 선 것은 무한정 발전하였다는 것을 극명히 보여주고 있다.[8]

솔직히 현재 진행 중인 디지털과 인터넷 혁명으로 인한 미래의 변화를 정확히 예측하기는 어렵지만, 인터넷의 특징과 그 발전사를 생각해볼 때 앞으로 우리들이 추구해야 할 지향점이 무엇인가는 자명해졌다고 본다. 심지어 최대의 이익을 목표로 하는 기업일지라도 '다수 · 대중'을 위한다는 입장을 내세우지 않으면 안 되며, 결국 궁극적으로 그러한 목표에 도달하지 않으면 성공할 수 없을 것이다. 이 점은 대박의 꿈을 갖고 코스닥 열풍에 휩싸인 벤처 기업 또한 예외가 아니다. 벤처 기업의 우상 빌 게이츠를 보자. 인터넷을 경시한 노벨이나 애플은 몰락했지만, 마이크로소프트는 뒤늦게나마 대응하여 결과적으로 독점적인 지위를 획득하였다. 그러나 빌 게이츠의 MS사의 독점적인 번영이 과연 얼마나 오래가겠는가?

'독점'이라는 것은 이 시대의 지향과는 어긋나는 정서요 행동양식이다. 최근 MS사가 반(反)독점법에 걸린 것은 시사하는 바가 크다. 반(反)독점법 · 반(反)상속법 등의 법률 개정 또한 다수의 가치를 반영하는 시대의 요구이다.[9] 그러나 MS사의 최대 위기는 이러한 반독점법 소송 차원이 아니다. MS사가 가장 두려워하는 것은 바로 오픈 소스 소프트웨어(OSS)를 추구하는 리눅스이다. 난공불락의 요새처럼 보이는 MS사도 열림 · 다수 · 공개의 가치관을 거부하면 조만간에 몰락할 것이다.[10] 그러므로 워렌 버핏이나 조지 소로스와 같은 미국의 전설적 펀드매니저들이, 인터넷은 기업 마진을 줄이고 경쟁만 부채질하는 것으로 자본가에게는 부정적 영향을 미칠 것이라고 푸념하면서 내심 인터넷 산업을 못마땅하게 생각하는 것은 당연한다.[11] 이 시대 인터넷 열풍의 궁극적 승자는 기업과 산업이 아니라 인터넷 자체와 그 사용자가 될 것이기 때문이다.[12]

인터넷 혁명의 의미

인터넷 혁명의 의미를 한마디로 요약하면, 지난 한 세기 동안 '낡은 형식'(독점 자본주의)과 치열하게 투쟁해온 '새로운 내용' (다수 · 공유 · 쌍방향)이 마침내 자신의 뜻을 구현할 수 있는 '새로운 형식'(디지털 방식과 인터넷)을 창출한 것이다.[13] 물론 한동안은 전환기의 부작용으로 '낡은 내용'(소수 · 독점 · 일방적)이 '새로운 형식'을 교란시킬 것이다. 그리고 그 때문에 많은 사람들이 '새로운 형식'의 본질을 미처 깨닫지 못할 수도 있다.[14]

인터넷 혁명은 최근 10년 동안에 급격히 확산된 것이지만, 우리 모두는 21세기 인터넷이라는 한 송이 국화꽃을 개화(開花)시킨 지난 20세기의 치열했던 인류의 갈등을 기억해야 한다. 자본주의 모순을 완화하고자 했던 선현(先賢)들의 개혁적 시도와 완전한 인간 해방을 목표로 한 마르크스주의의 기본 정신과 현실적 실험까지도 국화꽃의 자양분이 되었음을 인정해야 한다. 그리고 열린 사회를 주장한 많은 철학적 담론들이나 그것을 몸으로 실천한 히피들, 〈렛 잇비〉를 노래한 비틀즈와 같은 대중문화 종사자들 역시 국화꽃의 개화를 위해 물을 주어온 사람들이다. 인터넷이 캘리포니아 대학 버클리 분교나 스탠퍼드 대학 같은 미국 서해안의 히피 문화에서 발원되었다는 것 또한 우연한 일이 아니다.

현재 서양에서 일고 있는 동양 사상에 대한 관심, 역사학에서 '미시사'의 출현, 그리고 여러 분야에서 나타나고 있는 포스트모더니즘의 경향도 크게 보아 대중민주주의의 구체적 실현 과정에서 발생한 현상으로 독해될 수 있다. 그것들은 각각 그 내부를 들여

다보면 내용의 편차가 대단히 크다. 예를 들어 포스트모더니즘의 내용을 추적해보면 마르크스 좌파에서부터 극우의 성향까지 다양한 스펙트럼을 보이고 있다. 역시 전환기의 모습은 비빔밥의 형태를 보일 수밖에 없다. 그러나 우리는 그 속에서도 시대의 중심을 끄집어내야 한다.[15]

우리나라의 경우에도 많은 퇴행적 요소와 선진적 요소가 혼재되어 있다. 아직은 새 시대의 새로움보다는 전 시대의 찌꺼기적인 요소가 더 기승을 부리고 있지만, 올해의 가장 큰 뉴스라 할 수 있는 지난 선거에서 보여준 시민단체의 낙선운동이나 남북 정상회담 등은 '공유 · 다수'의 사회로의 구체적 전환 모습을 보여주는 현상들이다.[16] 왜 오늘날 '환경 · 생태 · 생명 · 문화'가 주된 화두가 되는가? 그것은 대중 모두가 함께 상생(相生)하며 나아가야 한다는 문제의식이 공유(共有)됐기 때문이며, 더 나아가 인간만이 아니라 자연까지도 함께 가야 한다는 깨달음의 반영인 것이다.

여기에서 한 가지 유념할 것이 있다. 인터넷은 과거와는 달리 새로운 내용을 담을 수 있는 매우 유용한 도구이지만, 그것이 결코 모든 문제를 저절로 해결해주는 만능상자는 아니라는 점이다. 인터넷은 하나의 좋은 그릇일 뿐이다. 내용이 아닌 형식인 것이다. 거기에 올바른 내용을 담는 것은 전적으로 지금 우리들의 몫이다.[17] 이케다 노부오가 잘 갈파하고 있듯이, 인터넷이 유행하는 지금의 시대는 마르크스가 《자본론》에서 변화할 자본주의의 모습으로 미리 그려놓은 상황과 대단히 유사하다.[18] 사실상 인터넷의 화두인 '공유 · 다수 · 쌍방향'은 마르크스의 화두 '인간 해방'과 같은 선상에 있는 것이 아니겠는가?

그러므로 인터넷이라는 좋은 도구에 올바른 내용을 채움으로써 보다 나은 세상을 만들어나감에 있어, 그 주역(主役)은 자본가나 대박을 꿈꾸는 벤처 기업이 아니라 그동안 '인간화(人間化)·인간해방(人間解放)'을 위해 노력해온 사람들의 몫이 될 것이다. 따라서 이 시대의 개혁가(改革家)들은 보다 적극적으로 인터넷의 논리와 활용을 염두에 두어야 한다. 그렇게 함으로써 피와 고통이 수반되는 지난날 사회주의혁명과 같은 폭력적 형태가 아니라, 평화로운 방법으로 자본주의의 한계를 넘어서는 새로운 공동체를 건설할 수 있는 방법도 도출할 수 있을 것이다.

불교의 깨달음이나 노자의 도(道), 주역(周易), 그리고 더 나아가 무속의 굿이나 심지어 사주학·풍수에 이르기까지, 동양 사상의 핵심은 '관계(關係)'에 있다. 인간을 정신과 육체가 분리된 이원성(二元性)이 아니라 유기체적인 전일성(全一性)의 관점에서 파악한다. 그리하여 모든 사물의 상호 연관성을 깨달음으로써 고립된 개별 존재라는 것을 초극할 때 궁극적 실재와 합일(合一)되는 것을 목표로 한다. 인터넷은 이미 그 용어가 보여주듯이 역시 그 핵심 고리는 '관계'이다. 어쩌면 인터넷에 접속되어 있는 동안 인류는 지구, 더 나아가 우주라는 선방(禪房)에서 '관계'를 화두로 하여 현대판 참선(參禪)을 수행하고 있는 것인지도 모른다. 올바른 내용을 갖고 인터넷에 익숙해진다면 개인이나 사회 모두 '열림·다수·나눔·공생(共生)'이라는 현대판 도(道)의 깨달음에 가까이 가는 것이 아니겠는가?

2 '영상역사학'을 제창한다

앞에서 필자는 오늘날의 사회 흐름을 역사적 맥락에서 짚어보며, 그러한 시대적 변화가 갖는 의미를 추적해보았다. 디지털 혁명과 그에 수반되는 인터넷의 광범위한 확산은 곧 우리의 삶에 영상문화(映像文化)를 만개(滿開)시킬 것이다. 이것을 기존의 사진기의 출현이나 영화·텔레비전·비디오의 등장과 같은 수준으로 보아서는 안 된다. 지금의 영상문화는 디지털과 인터넷의 기반 위에서 전개되는 것이다. 이러한 영상문화의 만개는 앞으로의 시대를 혁명적 변화로 보든 아니든, 그리고 이 시대의 의미를 필자처럼 독해(讀解)하든 안 하든, 그러한 관점이나 의미 부여와는 관계없이 실제로 전개될 현실 상황인 것이다.

2002년 3월 디지털 방송의 개국,[19] 그에 맞춘 디지털 TV의 확산, 그리고 각 개인으로 하여금 영상문화의 직접적인 창출을 가능하게

KBS의 사극 〈명성황후〉는 조선말 외세 침략 과정에서 대원군·고종·명성황후를 새롭게 재평가하고자 하였다. 특히 〈명성황후〉를 제목으로 취한 데서 알 수 있듯이, 그동안 부정적인 평가를 받아온 민비(명성황후)를 긍정적으로 그리고자 하였다. 이에 대해 역사의 지나친 미화라는 비판이 제기되었다.

SBS의 사극 〈여인천하〉는 이 시대 '여성코드'를 적극 활용하여, 무대의 배경이 되는 조선 중종 시기 정난정이 활동하던 때는 남성 천하가 아니라 여성 천하임을 적극적으로 그리고자 하였다. 그러나 지나치게 자의적인 해석이 많아, 정상적인 사극의 범위를 넘어섰다는 비판이 제기되었다.

제작·기획 이태원ㅣ감독 임권택ㅣ||| 최민식ㅣ안성기ㅣ유호정ㅣ김여진ㅣ손예진

www.chibwaseon.com

영화 〈취화선〉은 소재상 분명히 역사영화라고 할 수 있다. 그러나 역사라는 것의 범주가 과거뿐만 아니라 사실상 현재, 더 나아가 미래를 포함하여 전 시기를 포괄한다는 점에서 모든 영화는 역사영화일 것이다. 따라서 영화를 통한 역사읽기는 좀더 적극적으로 시도될 필요가 있다.

하는 6mm 디지털 비디오카메라의 일반화 등은 조만간 닥칠 영상 문화의 만개를 충분히 예견할 수 있게 해준다. 그리고 이것은 약간의 시차는 있지만 전 세계적인 현상인 것이다.

그 결과 앞으로 디지털 TV를 통해 각종 위성방송을 다양하게 시청할 수 있을 뿐만 아니라, 지금은 컴퓨터로 이용하는 인터넷 정보를 아주 편리하게 디지털 TV를 통해 받아보게 될 것이다. 그렇게 되면 TV는 멍청하게 보기만 하는 '바보상자'가 아니라 '정보상자'가 되는 것이며, 어쩌면 디지털 TV에 밀려 가정에서 이용되는 컴퓨터는 큰 위기를 맞을 수도 있을 것이다.[20]

이제 조만간 닥쳐올 이러한 사회 변화에 수반하여, 역사학에 새로 부여된 임무, 즉 역사와 영상의 만남이라 할 수 있는 영상역사학에 대하여 생각해보고자 한다. 먼저 영상역사학의 개념 및 범주를 살펴보고, 다음으로 영상기록의 문제 그리고 영상자료를 참고하여 만들어지는 각종 영상역사물에 대한 검토가 될 것이다.

영상역사학의 개념과 범주

전통적인 역사학이 문자기록에 근거하여 문자(文字)로 구현되는 역사물을 주된 창출 및 활용 대상으로 했다면, 영상역사학은 새롭게 '영상기록'과 '영상으로 구현되는 영상역사물'의 창출 및 활용을 탐구하는 역사학이라고 정의할 수 있을 것이다.[21]

영상역사학은 크게 '영상기록'의 측면과 '영상역사물'의 측면으로 대별될 수 있다. 먼저 '영상기록'은 문자기록이 아닌 사진·동영상 등의 기록을 말한다. 디지털 기술의 발전과 관련하여 앞으로의 역사학은 영상기록의 보존과 창출의 문제를 시급하게 고민해야 할 것으로 생각한다. 그리고 모든 문자기록이 문서기록보존소의 문제와 직결되듯이, 영상기록 또한 영상기록보존소, 즉 영상 아카이브의 문제와 관련시켜 검토되어야 할 것이다.

다음으로 '영상역사물'은 다큐멘터리 · 사극 · 영화 · 애니메이션 등 다양한 형태가 있다. 그리고 이러한 '영상역사물'에 대해서는 ①제작 참여 ②비평 ③활용 ④직접 제작 등의 다양한 방식이 있을 수 있다. 현재 수행되고 있는 두드러진 경향을 제시하면 다음과 같다. ①은 주로 다큐멘터리 제작에 있어 한국사 연구자들의 자문 및 인터뷰의 형태로 수행되고 있다. ②는 주로 동 · 서양사 연구자들의 영화 및 애니메이션 비평 작업에서 두드러지고 있다.[22] ③은 역사 교사들의 수업 현장에서 시도되었으나,[23] 최근에는 대학교나 사회 교육 현장에서도 많이 활용되고 있는 추세다. ④는 아직 시도되지 않고 있으나, 앞으로는 역사 전문가에 의해 직접 제작된 역사 다큐멘터리의 성과물도 나올 것으로 예상된다.

영상기록의 문제

먼저 영상역사학의 범주 중에서 첫 번째에 해당하는 영상기록, 즉 영상자료의 문제를 생각해보자. 2000년 5월, 제43회 전국역사학대회의 공동 주제는 '정보화시대의 역사학'이었다. 신문지상에서는 고답적인 역사학계가 지금 최첨단의 현실 문제를 주제로 삼았다고 보도했지만, 사실 '정보화'와 '역사학'은 본래부터 밀접한 관련이 있었다. 정보화 사회는 비록 전자정보로 유통되는 오늘날

영화 〈생활의 발견〉은 흡사 역사학의 '미시사' 혹은 '일상생활사'의 흐름과 상통한다. 감독이 〈생활의 발견〉에서 얘기하고자 한 방식을 역사학의 서술방식의 변화와 관련지어 분석해볼 필요가 있다.

의 사회 현실을 일컫는 것이지만, '정보화'의 기본적인 어휘가 갖는 의미는 사실 역사학의 기본 성격이었다. 역사학은 일찍부터 사료(史料)를 생산하였고, 그것을 모았으며, 다시 그것을 분류하고 평가했으며, 종국에는 후대의 참고가 되도록 편찬하였다. 인류 역사상 가장 먼저 일종의 데이터베이스를 구현해왔던 것이 바로 역사학이다.

우리나라가 자랑하는 《조선왕조실록》을 생각해보자. 그 책이 완성되어 출판될 때까지의 과정은 그 시기 최대의 정보화 작업이었다. 그런데 《조선왕조실록》은 전부 문자로 되어 있다. 당시의 기록 매체는 문자가 전부였기 때문이다. 그러나 지금 우리에게는 영상이 있다. 만약 우리에게 《조선왕조실록》의 문서기록만이 아니라 그와 관련된 영상기록이 있었다면, 우리는 보다 풍부하고 정확하게 당시 사회를 이해할 수 있었을 것이다.

앞에서 서술했듯이 지금은 영상을 보다 쉽고 편리하게 활용할 수 있는 시대가 되었다. 디지털 혁명이 그 조건을 가져다준 것이다. 그러므로 역사학은 발달된 영상문화를 최대한 활용하여 무엇을 영상기록으로 남길 것인가에 대하여 체계적인 계획을 수립하고 발 빠르게 실행에 옮겨야 할 것이다. 만약 이러한 작업을 방치한다면, 후세에 우리의 후손들은 눈으로 생생히 볼 수 있는 중요한 자료를 인멸했다고, 그리고 그 좋은 영상문화를 활용도 하지 못하고 쓸모없게 만들었다고 오늘의 역사가를 비판할 것이 아니겠는가?

영상자료의 문제는 그 특성상 인류학과 민속학 분야에서 먼저 시도되었다. 인류학의 경우 민족지(民族誌, ethnography)는 인류학자들이 특정 사회에 대해 장기간에 걸친 참여 관찰에 의거해서 현지 조사를 실시하고, 이에 기초하여 그 사회의 구성원들의 일상생활, 즉 문화를 상세하게 재구성하여 기술해놓은 것을 말한다. 이는 인류학적인 연구의 기초 작업이다. 그런데 그 작업을 영상으로 찍은 것을 민족지 영화(民族誌映畵, ethnography film)라고 한다. 크게 보아 인류학적 사례를 영상기록화한 다큐멘터리라고 할 수 있으며, 그와 같은 방법론을 영상인류학(visual anthropology)이라고 이름 붙일 수 있을 것이다. 외국의 경우 이미 수십 년 전부터 이러한 방법을 활용하고 있으며, 영상기록을 함에 있어 그 제작 과정 및 기본 원칙에 대한 비평이 이루어지고 있는 수준이다.[24]

그러나 실제 우리나라의 인류학에서는 아직 이러한 방법이 활발하게 시도되지는 못하고 있는 실정이다. 그 대신 인류학과 비슷한 성격을 갖는 민속학에서는 일찍부터 이러한 영상기록의 축적이 일부 이루어졌다. 물론 이것도 비용의 문제로 주로 국가 기관(문화재연구소)에서 이루어졌는데, 필자가 조사한 것을 제시해보면 다음과 같다.[25]

【문화재연구소 중요무형문화재 기록 보존 상황】

1965년부터 매년 1편에서 4편 정도를 영화로 찍어 기록으로 남겨왔다. 예를 들어 초기 3년만 제시해보면 다음과 같다.

1965년 꼭두각시놀음, 갓일(1편).
1966년 강강술래(1편).
1967년 양주별산대놀이, 통영오광대(2편).

이렇게 해서 1992년까지 63편의 기록영화가 제작되었다. 그러다가 보다 체계적으로 제작되기 시작한 것은 1995년부터이다. 그 성과를 제시해보면 다음과 같다.

1995년 제와장.
1996년 평택농악, 전통장, 매듭장, 태평무.
1997년 강릉농악, 소반장, 경주교동법주, 배첩장, 승무, 살풀이춤, 서울새남굿.
1998년 윤도장, 남해안별신굿, 안동차전놀이, 황해도 평산소놀음굿, 석전대제, 옥장, 경기도도당굿, 예천통명농요.

1999년 한 장군놀이, 강릉단오제, 임실필봉농악, 사기장, 자수장, 각자장, 대목장, 완초장.

이 중 1995년부터 제작된 것은 처음에는 16mm로 찍었으나 뒤에 VHS로, 그리고 다시 LD나 DVD로 제작되어 전국의 대학이나 국공립기관에 배포되어 있다. 이 사업은 본래 예능민속실에서 담당하였으나, 2000년부터는 무형문화재과로 이관되어 연차 사업으로 진행 중이다.

한편 경기문화재단에서는 1999년부터 경기도 지정 무형문화재를 다큐멘터리 형식으로 비디오로 제작해오고 있다. 작년에 완료된 작업과 올해에 진행 중인 사업을 제시해보면 다음과 같다.[26]

【경기문화재단 경기도 지정 무형문화재 기록 보존 상황】

안성 남사당 풍물놀이(21호), 양주 상여 회다지 소리(27호), 화성 재인청류 승무와 살풀이춤(8호), 선비문화의 꽃 벼루(26호), 천년의 꿈 한지(16호), 다시 살아나는 색 옻칠(17호), 우리 배 이야기(11호), 우리 술 부의주(2호), 갈매동 산치성 도당굿(15호), 초정밀의 예술 입사(19호), 김포 통진두레놀이(23호), 불교미술의 꽃 단청(28호), 전통의 소리 대중의 노래 경기잡가(31호).

아마도 필자가 조사하지 못한 분야에서도 영상기록을 시도하는 사례가 꽤 있을 것이다. 고고학이나 사회학 분야에서도 일부 영상기록을 활용하고 있다고 한다.[27] 앞으로 좀더 자세한 조사가 필요할 것이다. 문제는 역사학 분야에서는 아직 영상기록의 문제를 전혀 고민하지 않고 있다는 점이다. 그러나 역사학의 경우에도 영상자료화할 필요가 있는 것을 빨리 기록으로 남겨두어야 할 것이다. 흔히 영상자료의 대상들은 시간이 갈수록 변질되고 사라지는 것이므로, 오히려 시급하다고 할 수 있다.[28]

최근의 일이지만 정부문서기록보존소의 중요성이 인식되어 그 활동이 크게 활발해진 것은 참으로 다행한 일이다. 문서기록의 중요성은 아무리 강조해도 지나치지 않을 것이다. 그러나 왜 문서기록보존소만 있어야 하는가? 이제 아주 편리하게 이용할 수 있는 영상기술을 활용하여 시급히 보존해두어야 할 '영상기록'의 문제 또한 심각하게 고민해야 할 것이다. '문서기록'의 경우에도 그러하지만, '영상기록'의 문제 또한 개인이 수행하기에는 어려운 점이 많다. 그런 점에서 문서기록보존소만이 아니라 영상기록보존소 또한 반드시 필요할 것으로 생각한다.

역사 다큐멘터리의 문제

다음은 영상역사학의 범주 가운데 '영상역사물' 중에서 역사 다큐멘터리의 문제를 생각해보자. 순수한 영상기록뿐만 아니라 사실을 기초로 한 다큐멘터리도 기본적으로 역사자료이다. 우리가 크게 인식하지 못해서 그렇지 역사 다큐멘터리는 예전에도 많이 만들었고 지금도 많이 만들어지고 있다. 예를 들어 KBS의 예를 하나만 들어보자. 지난 10년 동안 KBS에서 제작 방영된 역사관련 다큐멘터리는 의외로 많다. 보통 다큐멘터리는 심야 시간대에 배정되

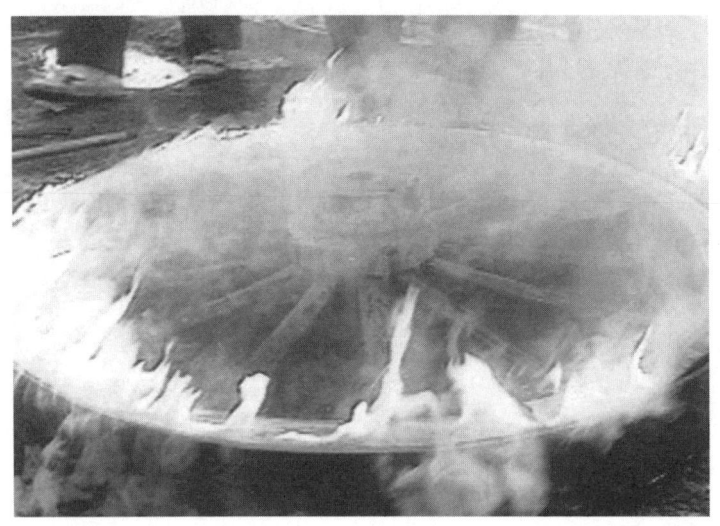

이 시대 대표적인 역사다큐멘터리인 KBS의 〈역사스페셜〉은 종종 실험 기법을 사용함
으로써 역사에 대한 이해를 높여주고 있다.

므로 일반인들은 그 중의 아주 일부만을 대개 시청하는데, 실제
제작 편수는 간단히 집계하기 어려울 정도로 많다. 일반인들에게
는 공익방송의 차원에서 토요일 8시라는 황금시간대에 편성되는
'역사스페셜'이 현재 가장 널리 알려져 있는 역사 다큐멘터리일
것이다. 〈역사스페셜〉은 〈역사의 라이벌〉·〈역사추리〉·〈TV조선
왕조실록〉·〈TV역사저널〉 등과 계통을 같이 해온 것이다. 최근에
는 현대사의 문제를 다룬 MBC의 '이제는 말할 수 있다'가 커다란
호응을 얻고 있다.

   다큐멘터리는 기본적으로 영상으로 보여줄 수 있는 것이 존재해
야 만들어지는 것이다. 만약 영상자료가 전혀 존재하지 않는다면
다큐멘터리는 만들어질 수 없다. 그런데 이처럼 많은 다큐멘터리

가 만들어졌다는 것은[29] 문서기록만이 아니라 최소한의 영상기록
화할 대상이 존재하고 있다는 것을 말해주는 것이다.

어떤 주제의 역사 다큐멘터리를 만든다는 것은 결국 무엇을 찍
을 것인가 하는 문제가 된다. 그리고 그것은 결국 어떤 영상기록
을 남길 것인가 하는 얘기가 된다. 그런데 과연 이것을 지금까지
누가 결정해왔는가? 역사적 자료 가운데 어떤 것을 영상기록으로
남겨야 할 것인가 하는 것은 당연히 역사 전문가의 몫이요 책임이
다. 그러나 불행하게도 지금까지는 그 역할을 전적으로 방송 분야
에서 담당해왔다. 그것은 방송이나 영상의 특수성을 인정한다고
하더라도 정말 잘못된 일이다. 영상기록의 판단을 전적으로 방송
가의 PD들이 해왔으며, 역사 전문가들은 PD의 판단에 한마디 거
드는 입장에 머물거나 아예 무관심으로 일관해왔던 것이 지금까지
의 현실이었다.[30]

문서기록의 중심에는 사관(史官)이 있다. 사관은 당대 최고의
역사 전문가이다. 그렇다면 과연 영상기록의 사관은 누가 되어야
하는가? 이 역시 역사 전문가가 그 역할을 맡아야 하는 것이다. 따
라서 역사기록의 측면에서 어떠한 영상자료를 찍어야 할 것인가
하는 문제는 말할 것도 없고, 그러한 영상자료를 통한 대중화 작
업에 있어서도 앞으로 역사 전문가들은 적극 참여해야 할 것으로
생각한다.[31]

3 영상역사학의 과제

영상역사학은 아직 시작도 못한 단계이므로 본격적인 과제를 제시
할 수는 없겠다. 여기에서는 시급한 과제를 몇 가지 제시하는 것
으로 한다.

사실에 기초한 영상자료 축적

먼저 영상역사학은 기본적으로 영상의 형태로 된 역사자료라는
문제의식에서 시작하는 것이다. 그러므로 순수한 영상기록에서 다
큐멘터리까지가 주된 연구 대상이며, 아무래도 드라마는 본격적인
연구 대상이 아니다.[32] 그러나 일반인들은 드라마의 내용도 사실로
인식하는 경향이 많으며, 결국 더 나아간다면 영상역사학의 포괄
범위는 역사 드라마를 포함하여 영상으로 구현되는 모든 역사관련

작업 및 성과물이 될 것이다. 참고로 다큐멘터리와 드라마의 구분을 보자.[33]

(사실주의)	----------------------------------- (표현주의)
(다큐멘터리 영화)	----------------------------------- (극영화)

------- ------- ------- -------
TV 다큐 드라마 다큐 다큐 드라마 TV 드라마

크게 보아 사실주의의 영역에 속하는 다큐멘터리와 표현주의의 영역에 속하는 드라마를 구분한다면, 그 사이에는 드라마 다큐와 다큐 드라마라는 것이 있다. 드라마 다큐는 다큐멘터리의 기조 아래 부수적으로 극화된 형식이 가미된 것이고, 다큐 드라마는 사실에 기초하되 드라마 기법에 충실한 것이다. 현재 대체적인 분류는, 드라마다큐는 다큐멘터리 영역, 다큐 드라마는 드라마 영역에 포괄시키고 있다.[34]

따라서 영상역사학의 기본적인 관심을 1차적으로 영상자료와 다큐멘터리의 측면에 한정시킨다 하더라도, 실제 방송 현장에서는 드라마적인 요소가 많이 결합되므로 결국 그 관심 영역을 드라마까지 확대시키지 않을 수 없는 것이다. 그러나 그렇다손 치더라도 시작 단계의 영상역사학의 1차적인 관심은 사실에 기초한 영상자료의 측면임을 다시 한 번 강조하고 싶다. 이 점은 특히 다큐멘터리와 영화의 역사가 오래된 서구와는 달리 우리는 다큐멘터리의 축적량이나 사적(史的) 연구가 거의 없으므로, 우선 거기서부터 시작하여 정립해야 하는 과제를 안고 있기 때문이기도 하다.

이 점은 '영상 이미지'에 관한 문제에 있어서도 마찬가지다. 영상자료는 같은 자료라고 하더라도 문헌자료에 비하여 시각적인 요소가 강하게 개입되어 있다. 따라서 영상의 영역에서는 기존의 문자 텍스트와 달리 새롭게 '이미지'의 문제가 제기된다.[35] 그러나 현재의 영상 관련학회들이 추구하고 있는 것처럼 '영상 이미지'에 관한 본격적인 분석은 역시

KBS의 〈역사스페셜〉이 전근대사를 주된 대상으로 한다면, MBC의 〈이제는 말할 수 있다〉는 현대사의 숨겨진 이야기를 과감하게 드러낸 역사다큐멘터리라고 할 수 있다. 드물게 현대사를 소재로 했다는 점에서 소중한 다큐멘터리라고 할 수 있다. 사진은 '삼청교육대'의 진상을 다룬 내용.

영상역사학의 우선적인 과제는 아니라고 생각한다. 그것은 아무래도 일단 현 수준에서는 순수 영상자료나 다큐멘터리와 같이 영상역사학은 영상역사자료라는 측면에 치중할 수밖에 없기 때문이다.

영상자료물의 데이터베이스

다음으로 우리가 생각할 것은 그나마 지금까지 영상자료화된 것을 체계적으로 정리할 필요가 있다고 생각한다. 지금까지 축적된 역사학과 전통문화에 관한 영상자료(다큐멘터리 포함)의 양이 결코 적은 것이 아니다. 그러나 그것들이 제대로 정리되어 있지 않다는 문제점을 안고 있다. 현재 영상자료를 가장 많이 소장하고 있는 것은 문예진흥원 산하 예술자료관이다. 예술자료관에서는 자신들이 소장하고 있는 영상자료의 목록집을 발간한 바 있는데, 그 상황을 보면 다음과 같다.

【영상자료종합목록집(7), 한국문화예술진흥원 예술자료관 발행(1995. 12.)】

이것은 1995년 11월 15일까지 수집된 것을 정리한 것이다. 그 자세한 사항은 다음과 같다.

1. 전통(809편) 2. 문학(206편) 3. 미술(489편) 4. 국악(493편) 5. 음악 (3,039편) 6. 연극(287편) 7. 무용(1,671편) 8. 문화(152편) : 총 7,140편

【영상자료종합목록집(8), 한국문화예술진흥원 예술자료관 발행(1997. 12.)】

이것은 1995년 7월부터 1997년 10월까지 수집된 영상자료 목록 집이다. 그 자세한 사항은 다음과 같다.

1. 전통(43편) 2. 미술(13편) 3. 국악(23편) 4. 음악(34편) 5. 연극(65편) 6. 무용(54편) 7. 문화 기타(14편) : 총 246편

물론 위의 자료들이 한국과 관련된 것만은 아니다. 외국 작품의 공연 테이프도 대단히 많다. 대체로 자료 형태 · 제작처 · 시간 · 색 채 및 음향 관계가 기록되어 있으며, 부분적으로 출연자 및 간략 한 내용 해제가 곁들여 있는 것도 있다.

그런데 위의 목록은 더 이상의 분류가 되어 있지 않으며, 더욱이 검색 기능이 없어 사실상 내용 파악이 쉽지 않은 상황이다. 따라 서 현재까지 수집된 영상자료물의 데이터베이스 작업이 시급히 요 청된다고 하겠다.[36]

아울러 그나마 있는 이러한 동영상자료는 또한 두 가지의 문제점을 안고 있다. 하나는 영상자료의 수명은 결코 영구적인 것이 아니라는 점이다. 디지털화가 되어 있지 않는 한 대체로 그 수명이 10~20년 정도이다. 따라서 지금 그나마 축적된 영상자료를 시급하게 디지털 수준으로 다시 복제하여 수명을 영구히 할 필요가 있다. 그러나 현재 이러한 문제에 대해서는 전혀 관심이 없는 실정이다. 다른 또 하나는 문헌자료와는 달리 영상자료는 열람하기가 쉽지 않다는 점이다. 그냥 찍어두기만 하면 무엇하는가? 그것을 제대로 이용할 수 있어야 한다. 그러나 현재는 전문가라도 이용하기가 어렵다. 대출도 어렵거니와 제대로 볼 수 있는 제반 시설이 대단히 미흡한 실정이다. 열람 시설이 완비된 '영상자료도서관' 의 설립이 시급하다고 하겠다.[37]

국가 차원의 영상기록보존소의 설립

다음의 과제로는 무엇을 영상기록으로 남길 것인가 하는 점에 대하여 체계적인 청사진이 마련될 필요가 있다. 물론 이것이 가능하기 위해서는 먼저 국가 차원의 영상기록보존소가 설립될 필요가 있다. 아니면 뜻이 있는 대학이나 연구소가 나서야 한다. 그래서 전문가에 의한 검토를 통하여 매년 연차 계획으로 영상기록에 대한 체계적인 축적이 진행되어야 할 것이다. 이 점과 관련하여 연구자 개인의 역할도 강조하고 싶다. 이제 6mm 디지털 비디오카메라의 출현으로 개인도 얼마든지 손쉽게 영상기록 작업을 할 수 있는 길이 열려 있다. 여기에 대해서는 현재 한겨레문화센터 · 민언

애니메이션 〈센과 치히로의 행방불명〉. 돼지가 된 엄마, 아빠를 구하기 위해 온천장에서 일을 시작한 '센'('치히로'의 새 이름). 엄마 아빠를 구하기 위해 목숨을 건 액션까지도 마다 않는 열혈 맹랑 소녀의 이야기를 전개하면서, 각종 신들의 풍류잔치가 벌어지는 기이한 세계가 흥미롭다. 이 작품은 특히 동양적 신화 세계를 원용했다는 점에서 주목된다.

런(민주언론운동시민연합) · 중앙일보 산하 Q채널 등에서 DVJ(디지털 비디오 저널리스트) 과정이 개설되어 있어 도움이 된다. 그리고 다른 곳에서도 보다 저렴하고 다양한 강좌들이 개설될 예정으로 있어,[38] 보다 손쉽게 개인적으로 영상기록 작업을 수행할 수 있게 되었다.[39]

영상역사학의 전망

끝으로 머리말에서 제기한 '콘텐츠'의 문제와 관련하여 영상역사학의 전망을 간단히 제시해보고자 한다. 필자는 앞에서 역사관련 동영상자료의 체계적 정리 및 새로운 축적의 필요성을 언급하였다. 그것은 앞으로 디지털 기술의 발전과 그 표상으로서의 인터넷의 확산과 관련되어 영상자료의 폭넓은 활용을 가져다줄 것이다. 우선 국내적으로는 '초고속'으로 상징되는 정보의 속도 경쟁이나 곧 가시화될 디지털 TV의 보급과 관련하여 영상역사자료라는 1차적(원초적) 콘텐츠를 제공해줄 수 있다. 그리고 그것이 활성화된다면 만화 · 애니매이션 · 영화 등 각종 문화 부분에서 우리의 것을 소재로 하는 2차적(가공된) 콘텐츠를 창출할 수 있는 계기를 마련해줄 수 있을 것이다.

그리고 이러한 상황은 국내에만 한정되는 것이 아니다. 인터넷을 통하여 그것은 그대로 세계 곳곳으로 전달될 수 있다. 사실상 후진국의 문화 콘텐츠가 개발되지 못한 큰 이유 중의 하나는 그 전달 과정의 지난(至難)함 때문이었다. 그러나 이제 인터넷의 확산으로 그것을 걱정하지 않아도 된다. 삶의 인간화 · 인간 해방을 담지한 각국의 다양한 역사문화관련 영상자료가 세계의 이쪽 끝에서 저쪽 끝을 자유자재로 연결된 망을 통하여 유통 · 공유된다면, 제3세계의 인문학도 인류 사회의 해답을 제시할 수 있다는 희망을 품으며 충분한 의욕을 갖고 해볼 수 있을 것이다. 그리고 그것은 결국 전 세계의 삶의 질을 보다 풍요롭게 하는 것이며, 인류의 '공동선(共同善)'의 획득이라는 이 시대 진정한 세계화의 방향에 기

여하는 것이 될 것이다.[40]

실천적인 역사학을 위하여

지금까지 인터넷 시대의 역사적 의미를 살펴보고, 그러한 시대적 전환기에서 새롭게 제기된 역사학의 소임으로 영상역사학의 과제를 생각해보았다. 이제 본문에 대한 요약은 생략하고자 한다. 단 본문에서도 밝혔듯이 인터넷 시대의 역사적 의미를 파악하는 입장이 혹 필자와 다르다고 할지라도, 앞으로 영상문화가 만개되는 상황은 실제로 전개될 현실 상황이다. 따라서 이 시대의 변화를 바라보는 시각의 차이와는 상관없이, 역사학은 새롭게 제기된 영상자료의 문제에 대하여 깊은 관심을 기울여야 할 것이다.

서울대에서 민속학을 연구하셨던 이두현 교수는 이미 수십 년 전에 후학들에게 자신이 직접 찍은 '초분(草墳)'에 관한 영상기록을 보여주면서 영상자료의 문제를 제기했다고 한다.[41] 지금 우리들은 대단히 뛰어나고 편리하게 활용할 수 있는 영상문화의 시대에 들어와 있다. 따라서 촬영 기술자가 아니라 전문 연구자 개인이 직접 영상자료를 축적할 수 있는 시대에 들어와 있는 것이다. 따라서 연구자 개인들도 자신들이 직접 영상자료를 수집할 수 있다는 전향적 사고를 확립할 필요가 있을 것이다. 그러나 역사기록의 문제는 개인의 차원에서만 전개하기에는 많은 한계가 있다. 무엇보다 정부나 뜻 있는 대학에서 영상기록의 문제를 새롭게 인식해야 할 것이다.

당연한 이야기지만 '영상기록'의 강조가 곧 '문서기록'을 소홀히 하는 것으로 연결되는 것은 아니다. 문서기록의 정리도 시급하며, 그것의 데이터베이스화 작업도 아직 대단히 미흡한 실정이다.[42] 그러나 이러한 '문서기록'의 지속적인 정리와 함께 영상문화의 발달로 가능해진 '영상기록'의 문제를 심각하게 고민해야 할 것으로 생각한다. 즉 짧은 시간에 이룩된 영상기술의 바탕과 지원을 통하여, 제대로된 '영상기록'의 축적과 그것의 데이터베이스화 작업이라는 과제가 새롭게 놓여 있다는 사실을 깊이 인식해야 한다.

혹자는 문서기록의 문제도 제대로 처리하지 못하고 있는 현실에서 영상기록을 얘기하는 것은 시기상조라고 말할는지 모른다. 그러나 필자는 그렇지 않다고 생각한다. 어렵더라도 같이 가야 한다. 우리의 역사는 근현대사 이후 항상 과제가 '겹〔二重〕'으로 오지 않았던가? 국내 문제가 해결되지 않았는데 국외 문제가 중첩되어온 역사였다. 항상 겹(이중)으로 풀어나가야 했던 것이 지금까지의 우리 역사의 전개 과정이었다. 비유가 좀 거칠었지만 문서기록의 문제와 영상기록의 문제는 사실상 많은 부분에서 공유되면서, 같이 풀어나가야 할 문제임을 강조하고 싶다.

지금까지 필자가 개진한 영상역사학은 '관계', '하나됨', '주고받음', '공동'의 특징을 갖는 이 시대 디지털 기술과 그에 기반한 인터넷의 확산으로 새롭게 제기된 것이다. 즉 디지털 기술과 인터넷의 확산으로 만개될 영상문화에 기반한 영상역사학은 역시 '관계, 공동, 하나됨'이라는 특성에 영향받으면서 인류의 진보에 기여하는 실천적(實踐的)인 역사학이 될 것이다.

【영상민속학】 **2**

민속 연구에서 영상자료의
가치와 활용 방안

김덕묵

민속학은 일면 역사학과 관련되면서, 또 다른 측면에서는 인류학과 관련된다. 그
결과 본 글에서 정리한 내용 중에는 영상역사학의 서술이나 영상인류학의 서술과
일부 중첩된다. 그러나 그러한 것은 민속학의 학문 범주로 보아 당연한 것이다.
필자는 이 글에서 그동안의 직접적인 민속 조사 과정에서 수행해온 영상매체의
활용을 바탕으로 현 단계 영상민속학의 현황과 과제를 잘 정리해주고 있다. 특히
민속 연구에서 영상자료가 갖는 가치와 활용 방안을 중점적으로 제시해주고 있어
앞으로 이 방면에 관한 입문서 역할을 해주고 있다.

인류가 문화를 창조한 이후 선대의 문화는 여러 가지 방법으로 후대에 전달될 수 있었다. 그 대표적인 것들로는 구전(口傳), 문자, 그림을 손꼽을 수 있을 것이다. 좀더 이것들을 세분화해보면, 구전에도 노래 · 시 · 설화 · 전설 등이 있고, 문자도 금석 · 문헌 등이 있다. 또한 그림도 바위, 무덤 속, 화폭 등에서 여러 형태로 나타난다. 과학의 발달은 여기에 인간이나 사물의 형체를 그대로 옮길 수 있는 사진을 탄생시켰으며, 더 나아가 인간이 활동하고, 대화하고, 춤추고, 노래하는, 즉 인간의 일상생활의 모든 면을 생생히 보여줄 수 있는 영화 · 비디오 · CD 등의 보다 발달된 영상매체를 낳았다. 게다가 오늘날 "인터넷으로 상징화되는 정보통신 분야의 급격한 발달"[1]로 인해 어떤 개인이 획득한 자료도 손쉽게 안방에서 누구나 공유할 수 있게 되었다.

이른바 고도로 발달된 문화 전달 체계라고 할 수 있는 이들 영상 매체의 발달은 무문자 사회에서 문자 사회로 이어온 인류에게 영상시대라는 또 다른 시대를 접하게 했다.

"그러나 지금도 여전히 돌에 새기거나, 그림으로 그리거나, 문자로 기록하거나, 영상자료를 만들거나, 음향자료를 만들거나 하고 있다. 말하자면 구식 방법과 신식 방법을 함께 사용하고 있는 것이다."[2]

이것은 곧 우리 후세들에게 오늘날의 문화를 보다 다양한 수단으로 상세하게 전달해줄 수 있음을 반증한다.

문화의 발달은 축적에 의해서 이루어질 수 있다. 굳이 '양적 축적의 질적 변화'를 논의하지 않더라도 전 시대의 문화가 기록에 의해서 축적되고 그 토대 위에서 후세들이 반성하고 개선해나갈 때 문화의 진보는 이루어질 수 있는 것이다. 이러한 점에서 기록하는 일을 게을리하지 말라는 옛 선현들의 말은 깊이 새겨볼 만하다.

민속학은 민족문화과학으로서 그 민족의 민속을 단순히 사회과학적으로 분석하는 차원을 넘어서 보다 나은 민족문화의 창달과 그것을 후세에게 물려주어야 한다는 시대적 과제를 안고 있다. 민속학자는 이를 외면해서는 안 된다. 학문 내적으로도 착실한 기초자료가 축적될 때 민속학의 성숙과 발전은 기대될 수 있는 것이다. 가끔씩 신문지상에서 우리나라의 기초과학 수준이 세계적으로 볼 때 하위 수준에 머물고 있다는 기사를 볼 수 있다. 이것은 우리가 그만큼 기초를 소홀히 했다는 점을 반증한다. 인문과학이든 자연과학이든 기초 자료의 충실한 축적 없이는 학문적인 발전을 담보할 수 없다. 따라서 현존하는 민속에 대한 기록은 민속학자에게 중요한 과제다. 이러한 시점에서 보다 생생히 민속을 기록하고 기초 자료로서 이용할 수 있는 영상매체의 발달은 민속학자에겐 더할 나위 없이 반가운 일이다. 오늘날 영상매체의 발달은 민속을 단순히 문헌 자료로서만 기록하던 시대를 넘어 영상매체로서 기록할 수 있는 시대를 열었기 때문이다. 이제 민속학에서 전통적으로 행해오던 현지조사에서 영상매체는 중요한 도구가 되었다. 문자만을 이용한 민속지 작성에서 이제는 영상매체를 통하여 기록하고 이들 영상자료를 분석해 민속을 연구할 수 있는 단계에 접어든 것이다.[3]

이 글에서는 영상자료의 중요성을 강조하면서 그 연구 방법 및 활용 방안을 검토하는 데 그 목적을 두도록 하겠다. 물론 영상자료란 기록영화, 비디오, 비디오 CD 외에도 사진, 슬라이드 등을 통칭할 수 있겠으나, 이 글에서는 논의의 중심을 동영상에 한정하고 사진, 슬라이드 자료는 논외로 한다.

1 민속지에서 영상민속지로[4]

그동안 영상매체의 발달과 보급으로 민속학도들도 개별적으로 영상자료를 널리 이용하고 있다. 그럼에도 불구하고, 학계에서는 영상자료에 대한 이용 방법이나 영상 라이브러리(LIBRARY)의 중요성 등에 대해 적극적으로 주장했던 학자들은 없었다.

그러나 오늘날 급변하는 한국 사회에서 민속연희자(民俗演戱者)들은 고령화되어 점차 사라지고 민속연희, 의례 등 무형문화가 소멸되거나 변해가는 이 시점에서 민속이 행해지는 현장을 생생히 영상과 음향으로 기록하여 일회성이 짙은 연행 현장을 영구히 남길 수 있다고 할 때, 영상자료의 중요성을 새삼 강조하더라도 지나치지 않다.

우선 민속 연구에서 영상자료를 통해 얻을 수 있는 가치를 요약해보면 다음과 같다.

첫째, 연행 행위는 일회성으로 그치나 한 번 녹화된 영상자료는 오랫동안 반복해서 볼 수 있다. 따라서 연구자가 연행 현장에서 꼼꼼히 볼 수 없거나 자세히 기억해낼 수 없는 것들을 다시 볼 수 있게 하여 보다 정확하게 민속지를 작성하는 데 도움을 준다.

둘째, 직접 현장조사를 하지 못한 사람들에게 생생한 영상과 음향을 통해 간접적인 경험을 느끼게 해준다. 또한 현장에서 정보 제공자와 인터뷰 내용을 그대로 녹화함으로서 조사자의 설명이나 보고서에 그치지 않고 현장을 경험하지 못한 사람들이 직접 1차 자료와 만날 수 있도록 해준다.

가령 강원도의 동제 조사[5]에서 필자는 마을 전경과 동신당의 모습과 함께 마을 주민(정보 제공자)과의 대화 내용을 그대로 촬영하여 영상자료화시킨 적이 있다. 만약 보고서와 함께 이 영상자료를 연구자들이 이용한다면 좀더 실감나게 동제 내용을 파악할 수 있을 뿐만 아니라 필자의 보고서를 거치지 않아도 스스로 그 지역 동제에 대한 실상을 이해하는 데 많은 도움을 받을 것이다. 인류학자들도 영상인류학의 중요성을 언급하면서 이 점을 지적하고 있다. "기존의 인류학 민족지는 연구자의 시각에서 일회적으로만 해석되어 기술되는 데 그친다. 그러나 영상인류학은 연구자의 해석에 의해 구성된 영상자료를 반복적으로 장소에 구애되지 않고 생생히 다시 상영케 함으로써 연구 이외의 해석을 포함시킬 수 있기 때문에 문화 해석의 지평을 확장시켜주는 장점이 있다. 즉 연구 대상자가 직접 자신의 행위를 보고 성찰적으로 해석할 수 있을 뿐 아니라 다양한 집단이 자신의 입장에서 각기 해석할 기회를 갖게 되므로, 이를 모두 연구에 포함시킬 수 있다는 점에서 해석의 수

준이 다르다."(T.A sch & L. Conner, 1983)[6]

셋째, 영상자료는 반영구적으로 사용될 수 있으므로 조사자와 연희자 모두가 사라진 후에도 자료로서 영원한 가치를 지니며, 또한 이 자료는 훗날 민속의 변천 과정을 통시적으로 살펴볼 수 있도록 해줄 것이다.

오늘날 우리는 문헌자료를 통해 과거의 민속을 추정해볼 수 있으며, 또한 몇백 년 전의 자료가 오늘날 민속을 연구하는 데 얼마나 중요한가를 안다. 문헌자료도 이렇게 소중하게 쓰이는데 만약 그 시대의 영상자료가 남아 있다면 오늘날 연구자들에게 매우 긴요하게 이용되었을 것이다. 과학 기술의 발달은 이제 오늘날의 영상자료를 수백 년이 지난 뒤에도 볼 수 있게끔 만들었다.

넷째, 영상자료는 민속학 강의시간에도 널리 활용될 수 있겠으나 연행 행위를 직접 담당하는 행위자들에게도 연희의 전승과 전수의 교육자료로서 매우 유용하다.

한 가지 예로, 문예진흥원에서 영상자료에 관한 일을 했던 천승요 씨가 전하길 그가 기록한 굿의 대부분은 이제 더 이상 실제 상황으로는 볼 수 없게 되었다고 한다. 직접 굿을 하였던 무속인들이 대개 나이가 들어 세상을 떴기 때문인데, 굿 이수자들이 못다 배운 스승의 가르침을 느껴보기 위해 천씨를 찾아 비디오를 보는 경우도 많다고 한다.[7] 이 밖에도 영상자료는 문헌자료의 한계를 벗어나 다양하게 활용될 수 있을 것이다.

영상자료가 가지는 이러한 가치와 중요성에도 불구하고 우리 학계는 이것에 적절히 대응하지 못하고 있는 실정이다. 아직도 민속에 대한 기록은 문자기록에만 의존하고 있으며 민속지 하면 문자기록만을 생각하는 인식에서 벗어나지 못하고 있다. 물론 민속학도 개인의 입장에서 보았을 때 여러 가지 현실적인 어려움이 있기도 하다. 즉 우선 영상기록에 중점을 둘 때 많은 비용이 소요된다는 점이다. 고가 장비와 비디오테이프 등의 소모품의 비용도 만만치 않다. 영세한 민속학도의 주머니 사정으로 사실 엄두가 나지 않는 일이기도 하다. 또한 영상 장비를 동원하여 민속을 조사한다는 것은 여간 번거로운 일이 아니다. 한쪽 어깨에는 캠코더를, 한쪽 어깨에는 카메라를 메고, 한쪽 주머니에는 필기노트를 넣고 현장을 여기저기 쫓아다닌다는 것은 보통의 각오로는 쉽지가 않다.

따라서 필요성은 절감하면서도 쉽게 엄두를 내지 못하는 것이 민속학도의 솔직한 입장일 수도 있다. 하지만 위에서 나열한 바와 같이 우리는 영상시대에 살고 있고 민속 연구에서 영상기록의 중요성이 강조되고 있는 시점에서 이러한 장애에 안주할 수만은 없다.

현재 전통 사회에 뿌리를 둔 우리의 민속은 급격히 사라지고 있다. 농경 문화에 기반을 둔 민속은 1960~1970년대 이후 도시화, 산업화, 기계화, 공동 노동의 해체, 이촌향도로 인한 농촌 인구의 노령화와 격감 등으로 한층 심각하게 단절되어가고 있다. 필자는 최근 전국을 다니며 세시풍속을 조사하면서 이 점을 실감하고 있다. 세시풍속 조사시 제보자는 주로 토착 노인들이다. 그동안 학계에서 조사된 세시풍속을 조합하고 조사 항목을 작성하여 질문해 본 결과, 70~80대 노인들의 경우에도 전통시대의 세시풍속의 덩어리를 온전히 체험했거나 전부를 기억하고 있는 경우가 드물었다. '옛날 어르신네들은 이렇게 하더라', '옛날에 시어머니가 살아 계실 때는 이렇게 했다' 등, 그들 세대만 하더라도 세시풍속의 일정 부분은 이미 체험 밖에 놓여 있는 것이다. 따라서 필자가 준비한 조사 항목의 풍속을 전적으로 체험하고 일상생활 속에서 영위해온 세대는 그들 세대의 부친이나 시어머니, 즉 90~100대 이상의 사람들로 보여진다. 벌써 70~80대만 하더라도 조사 항목의 10~20퍼센트는 그들의 세대의 것이 아니다. 물론 다소 지방에 따라 차이가 나겠으나 50~60대가 되면 더욱 심각하다. 이제 이 70~80대의 노년층이 사라지게 된다면 우리는 농경 사회를 기반으로 둔 전통 사회 민속에 대한 조사 기회는 그 토대를 잃게 된다고 보아도 과언이 아니다. 무형문화재의 기예능 보유자들의 경우에도 그 형편은 비슷한 실정이다. 이러한 위기는 우리의 민속 전반에 걸친 현상이다.

예술의 전당에서 공연된 '순천 삼설량굿'을 연구자들이 진지하게 보고 있다.

지역별 '한국민속종합조사보고서'가 작성될 1960년대 말에서 1970년대만 하더라도 민속 조사시 전통문화에 대해 풍부한 실제 체험과 지식을 가진 제보자들이 많이 남아 있었다. 당시 체계적으로 보다 상세하게 전국의 민속이 조사되었다면 오늘날 한국 문화 연구와 한국 민속학계의 수준은 한층 강화되었을 것이다. 또한 당시 풍부하게 행해졌던 민속들을 영상자료로 남겨놓았다면 오늘날 귀중한 자료로 이용되었을 것이다. 물론 당시의 교통이나 현실적 여건상 그 정도의 자료 집적도 손쉬운 것은 아니었을 것이나 아쉬움이 남는다. 이제 그 아쉬움은 오늘날 우리들의 몫으로 남아 있다.

전 시대와는 달리 우리 시대에는 편리한 교통, 자료 정리가 용이한 컴퓨터, 발달된 영상장비가 갖추어져 있는 시대다. 오늘날 전통 사회의 민속들은 점차 막바지에 이르고 있고 무형문화재 기예능 보유자나 민속에 대한 체험과 체득을 경험한 노년층들이 점차 사라져가고 있는 것이 현실이다. 하지만 발달된 과학의 덕분으로 우리는 그 막바지를 영구히 우리의 시각에서 잡아놓을 수 있는 영상매체를 가지고 있다. 이제 민속 조사와 연구는 문자에만 의존해서는 안 된다. 민속을 기록하는 차원을 넘어서 보존과 전승의 문제를 함께 고민해야 할 때다. 이 점에서 문자의 역할은 한정된 부분만을 가질 수밖에 없다. '눈으로 보고 귀로 듣는다'는 것만큼 확실한 기록은 없으며 영상매체는 보존과 전승의 차원에서도 중요한 역할을 담당할 것이다.

민속지 작성은 이제 문자에 머물러 있던 시대를 지나 '영상민속지'로 한층 발전해나가야 한다. 이즈음에서 과거 '한국민속종합조사' 사업의 보완으로 영상매체를 이용한 '영상한국민속종합조사'

가 국가적 차원에서 제기되어야 하지 않을까? 그동안의 민속 조사가 문자에 의존한 민속지 작성이었다면 이제 21세기의 민속 조사는 영상자료를 대거 동반한 '영상민속지'로 나아가야 한다.

2 영상자료의 기록 보존 및 활용

오늘날 민속과 관련하여 영상물들이 축적되고 그것들이 민속 연구자들에게 이용되고 있으며, 영상자료가 문자기록을 보완할 수 있는 기능 또한 증명되고 있다. 영상자료가 널리 이용되기 위해서는 자료의 수집과 기록·제작에서부터 보관 및 보존에 이르기까지 세심한 주의가 있어야 한다. 또한 이들 자료들은 이용자들에게 쉽게 이용될 수 있어야 하며 자료 이용에 있어서도 방법론적인 고민이 필요하다. 따라서 이러한 문제들을 화제(話題)로 하여 원론적인 논의들을 해보겠다.

영상자료의 수집

1980년대 이후 캠코더가 대중화되면서 개인이나 각 기관에서

산발적으로 민속을 촬영해놓은 경우가 많다. 이들 자료 중에는 시대적인 가치와 함께 오늘날 민속이 연행되는 현장에서 볼 수 없는 것들도 많아 중요한 가치를 지닌다. 특히 무형문화재 기예능 보유자들 중에 지금은 작고했으나 과거 활동 당시에 촬영된 자료들이 남아 있을 때 이것은 중요하게 사용되는 경우가 많다. 이들 자료를 각 개인의 소장으로 방치해두기보다는 국가 기관의 자료관에서 수집하여 영구히 보존하는 대책과 함께 다양한 연구자들이 이용할 수 있도록 하는 대책이 필요하다. 박물관에서 유물을 구입하듯이 국가 기관의 자료관에서 나름의 예산을 편성하여 꾸준히 구입해야 할 것이다.

다른 사람들이 촬영한 것을 수집할 때는 각 개인이나 단체에서 보유하고 있는 자료의 현황을 파악하여 그 중 중요한 자료는 지속적으로 수집해나가야 한다. 또한 각 기관[8]마다 보유하고 있는 자료가 차이가 있는데 상호 기관 간에 자료의 복제나 기증, 공유 등이 긴밀한 협조 관계 속에서 이루어져야 한다. 동일한 자료라고 하더라도 많은 기관에 비치되어 있다면 이용자들은 자료를 접하는 데 한결 용이할 것이다.

영상자료의 기록과 제작

1) 기록과 제작

연구자의 경우 민속이 연행되는 현장을 참여 관찰하면서 자신이 직접 촬영하는 경우가 많다. 이때 연행 현장을 잘 담아내기 위해서 촬영 기술이 필요하게 된다. 이런 경우의 영상자료는 주로 학술적 용도로 쓰이므로 고도의 촬영 기술이 필요하지는 않겠으나, 그 자료를 영상자료로서 좀더 가치 있게 하거나 다른 사람들이 시청할 것을 염두에 둔다면 촬영 기술에도 신경을 써야 한다. 즉, 연구 목적에 따라 촬영할 때의 중점 대상은 다르겠으나, 촬영자는 촬영할 때의 구도나 기술적인 문제를 항상 고려해야 한다.

　민속을 캠코더로 기록하든, 영화필름이나 베타캠으로 하든, 영상자료를 많은 사람들이 이용할 수 있는 영상자료실에 비치하거나 기록 보존을 위한 목적이라면 자료 제작이 일정한 기획 아래에서 장기적이고 체계적으로 이루어져야 한다. 특히 민속이 소멸할 가능성이 크거나 연희자들이 연로하여 전승, 보전이 시급한 것들을 우선 순위로 하여 촬영해야 하며, 같은 의례도 연희자들마다 혹은 장소에 따라 혹은 시대에 따라 달라지므로 어떤 의례를 일회적인 수집으로 끝내서는 안 된다. 기회가 있을 때마다 꾸준히 촬영해야 한다. 또한 민속의 전승과 전수를 위한 교육적 가치를 증대시키려면, 단순히 연행 행위나 공연들을 기록하는 데서 벗어나 연희자들의 설명과 대담 내용은 물론 가르치는 부분까지도 영상자료화해야 한다. 공예 부분을 촬영할 때, 도예가들이 도자기 만드는 것을 일일이 단계별로 찍고 도예가가 세세히 설명하는 부분을 촬영해야 하며, 무속의 경우에도 굿의 춤동작, 노래, 각 부분별 진행 순서와 행위 동작, 행위들의 의미 등을 연희자가 학습자들에게 일일이 강의하는 기회를 만들어 그것을 기록해둔다면 민속의 전승과 전수에 큰 도움이 될 것이다.

　민속을 영상자료화할 때 각 분야별로 촬영 요령이 필요하다. 이 요령은 단순히 카메라 기술에 능통하다고 해결되는 것이 아니다.

행해지는 민속의 절차나 내용을 어느 정도는 이해하고 있어야 하며 무엇을 촬영할 것인가를 고민해야 한다. 민속을 영상자료화할 때 무속 분야, 동제(洞祭)나 가신신앙(家神信仰), 세시풍속, 놀이, 예술, 공예, 음식, 의례 등 다양한 분야별로 촬영 방법과 내용을 달리한다. 여기에서 전부를 논하는 것은 필자의 역량 밖의 일이며 단지 몇 가지 분야에 대해서만 소견을 밝혀본다.

■무속 분야 : 굿판에서 비디오 촬영을 할 때는 가능하면 일찍 도착하여 처음부터 끝까지 놓치는 장면 없이 전부 촬영하는 것이 바람직하다. 연구자는 우선 굿판에 도착하면 준비 과정을 촬영하고 모든 굿청이 완성되면 굿청에 배치된 각종 조형물들, 굿상, 무복, 무구 등 굿판의 제반 형태와 요소를 촬영해야 한다. 굿상의 상차림을 촬영할 때는 상(床) 위의 내용물들이 전부 확인될 수 있도록 카메라를 천천히 움직이며 굿상을 담아내야 한다. 또한 굿상은 크고 작은 것들이 여러 개 있는 경우도 있는데 체계적으로 이들 상을 촬영해야 한다. 가령 황해도 진오귀굿을 할 때의 경우, 문밖에 주당상, 사자상, 상문풀이 음식 등을 만들어 한쪽 구석에 놓아둔 것을 볼 수 있는데 이러한 것들을 하나도 빠짐없이 카메라에 담아야 한다.

굿을 비교적 잘 알고 촬영해본 경험이 풍부한 사람들은 괜찮으나, 무속에 대한 이해도가 낮은 방송국의 카메라맨들이나 기타 촬영자들을 보면, 중요한 부분이나 그 굿에서 초점이 될 만한 것, 또는 자료적 가치가 높은 것은 놓치고 카메라의 방향을 다른 곳에다 맞추고 있는 경우가 많다. 특히 무당이 마당과 방을 왕래하며 굿을 할 때나 연희가 마당과 방에서 동시에 일어나고 있을 때, 촬영자는 굿의 흐름이나 초점을 알지 못해 우왕자왕하면서 중요한 장면들을 놓치는 경우가 많다. 또한 굿을 잘 모르는 사람들의 경우는 작두 타는 것이나 무당의 신비적인 행위 등에 지나치게 몰두하는 경우가 있는데 굿에서 작두 타는 것 등은 빈번히 볼 수 있는 것이다. 어떤 자료의 가치가 높다는 말은 그 희소가치를 말하는 것이기도 한다. 보통 때는 흔히 볼 수 없는 장면들, 예를 들면 연로한 무당들이 나와서 현재는 거의 볼 수가 없는 특별한 놀이나 연극, 몇몇의 무당 밖에 할 수 없는 중요한 의례 등을 하는 경우 이런 것들은 자료적 가치가 매우 높은 것들이다. 촬영자는 이러한 장면이 나올 때는 정신을 집중하여 한 장면도 놓쳐서는 안 된다.

■동제 분야 : 동제는 크게 동제 준비 과정, 제의 진행 과정, 제의

한 무속인이 황해도 굿 중 '영정거리'를 하고 있다. 굿판에 들어온 부정한 것을 영정 바가지에 담아 밖으로 내모는 행위가 이 거리의 중심이 되는데, 굿을 촬영하는 사람은 이러한 행위의 의미를 파악하여 온전히 그 전모를 영상으로 담아내야 한다.

인천의 한 굿당에서 행해진 황해도 만수대탁 굿 때의 굿당 모습. 굿당 마당에 각종 조형물 들이 장식되어 있는데 이러한 조형물들은 그 나름의 의미를 가지고 있다. 따라서 이러한 장식물들은 민속조사시 빠짐없이 기록해두어 야 한다.

후의 과정 등으로 나뉜다. 연구자는 각 절차별로 빠짐 없이 촬영해야 하며, 동제와 관련하여 마을 앞뒤나 제관 집, 제당 등에 설치되는 금 줄, 황토흙 등 각종 조형물 을 카메라에 담아야 한다. 또한 제당(祭堂)이나 제신 (祭神)과 관련된 유래, 금기 사항, 제관 선정, 제비, 제 물, 의례 절차 등 동제와 관 련된 내용에 대한 제보자의 구술(口述) 장면을 그대로 촬영하여 조사자의 입이나 기록을 거치 지 않고 시청자들이 직접 제보자와 만날 수 있는 기회를 갖게 하 는 것도 중요하다.

■세시풍속 분야 : 세시풍속은 그 범위가 매우 넓다. 주기반복적 으로 매년 일정한 시기가 되면 행해지는 민속을 세시풍속이라고 할 때 민속의례, 신앙, 놀이, 속신 등 많은 분야가 세시풍속에 포 함될 수 있다. 그러나 비교적 큰 공동체 의례나 놀이 등은 민속의 례나 민속놀이 등의 조사시 관심의 대상이 되어 1차적으로 기록되 나 문제는 개개인이 각자의 가정에서 행하는 소규모의 의례나 놀 이 등은 그동안 기록 밖에 있었다고 볼 수 있다. 따라서 이것들은 연로한 촌로들의 기억 속에서만 남아 있는 것들이 많은데, 노년층 이 이 세상을 떠남에 따라 영원히 사라질 우려가 있다. 예를 들면,

영등맞이, 칠성맞이, 농신제, 용알뜨기, 기우풍속, 우물고사, 잣불켜기, 제웅치기, 대보름 때의 모의풍작 행위인 보리타작 등 이들 소규모의 의례를 전국적으로 영상자료화해놓는 것은 중요한 의미를 갖는다. 이들 소규모의 의례들은 특별한 연희자나 사제가 있는 것이 아니라 바로 평범한 민중들의 삶 속에 뿌리박혀 있었던 것이기 때문이다. 이것들은 전통 사회 민중들의 세계관이나 우리 문화의 특질을 대변해주는 중요한 단초로 자리잡고 있다.

물론 지금은 이런 풍속들이 일부지역에서만 드물게 행해지거나 행해지지 않는 것들도 있으나 노년층들은 지금도 얼마든지 재현할 수 있는 것들이다. 없어진 것들은 촌로들에게 부탁하여 그 내용과 진행 과정을 영상자료화해두면 될 것이다.

경북 문경의 한 가정에서 차린 추석 차례상의 모습. 상차림 같은 것은 동영상으로만 기록해두었을 경우, 나중에 자료 이용시 번거롭다. 이러한 경우 사진기를 이용하는 것이 편리하다. 동영상과 사진은 상호보완적이다.

다큐멘터리나 기록영화를 촬영할 때는 개인이 민속을 참여 관찰하면서 촬영할 때와는 다른 환경이다. 우선 동원되는 장비(영화필름, 베타캠 등)나 인원에서 차이가 나며 촬영 공간은 개인 연구자의 캠코더에 비해 자유롭지 못하다. 연구자가 캠코더로 촬영할 경우에는 사전에 연희자에게 연락만 하고 가면 되지만, 기록영화의 경우에는 사전에 치밀한 준비를 해야 한다. 또한 무대 배경, 조명, 배경음악, 자막처리, 해설 등에 각별히 유의해야 한다. 국립문화재연구소에서 '중요무형문화재 기록화 사업'을 할 때 기록영화 제작 단계를 보면 다음과 같다. '문헌 조사 단계, 현장 조사 단계, 시나리오 작성 단계, 윤문 및 각색 단계, 콘티뉴이티(CONTINUITY) 작성 단계, 현지 촬영 단계, 편집 단계, 시사회를 통한 검증 및 완성 단계'로 나뉜다.

아래에서는 문화재청에서 실시하는 중요무형문화재 기록영화 제작의 경우를 중심으로 기록영화 제작 때의 유의점을 살펴본다. 기록영화 제작에서 중요한 과정은 기획, 촬영, 편집, 검증(시사회) 단계라고 볼 수 있다.

■기획 단계—기획 단계에서는 무엇을, 어떻게 찍을 것인가를 고민해야 한다. 국가 기관에서 무형문화재 기록영화를 촬영할 때는 촬영 종목을 선정하고 그 종목에 대한 전문가를 섭외한다. 기획은 관련 전문가와 담당 공무원이 촬영 종목에 대한 상세하고 충분한 이해가 선행된 후에 이루어져야 한다. 즉, 촬영 종목에 대한 충분한 이해를 바탕으로 무엇을, 어떻게 촬영할 것인가를 기획해야 한다. 만약 이 과정에서 촬영 종목에 대한 충분한 이해가 결여되어 바람직한 기획이 수립되지 않는다면 촬영 종목을 온전히 기록하는

데 차질이 생긴다. 촬영 단계는 기획을 바탕으로 이루어지게 됨으로 꼼꼼한 기획이 선행되어야 한다. 기획 단계에서 번거로움을 피하기 위해 담당 공무원이 관련 전문가와의 상의 없이 계획을 수립해서는 안 된다.

일전에 서울새남굿(국립문화재연구소에서는 무형문화재 기록화 사업에서 서울새남굿을 촬영한 바 있음)을 잘 아는 한 무속인은 "무형문화재 기록화 사업으로 촬영한 서울새남굿 자료에는 중요한 것은 빠져 있다"라고 필자에게 말한 바 있는데, 이러한 현상이 나오는 것은 문화재 기능보유자나 이수자들이 기록영화를 촬영할 때 자신이나 소수의 사람들만이 알고 있는 기능을 카메라 앞에서는 내보이지 않기 때문이다.[9] 원형을 충실히 재현하여 중요무형문화재의 기록과 전승을 목적으로 하는 기록영화에서 중요한 기능이 연희자들의 기피에 의해서 기록되지 않는다면 기록영화의 취지를 흐리게 하는 것이다.

이 점은 기록영화 촬영 때 겪는 어려운 난제 중에 하나이다. 관련 전문가와 담당 공무원이 촬영 전에 이 점을 연희자에게 숙지시켜 협조를 얻어내거나 촬영 도중 이러한 점이 누락된다면 재촬영을 하든지, 그것도 여의치 않는다면 기록책자나 설명서에 '이러한 부분들은 누락되었습니다'라고 분명히 밝혀두는 것이 바람직하다. 만약 밝혀두지 않는다면 자료를 이용하는 사람들은 그러한 것이 있는지조차 모르게 된다. 사소하게 생각되는 점이라도 기록을 목적으로 하는 사람은 그 자료를 이용하는 사람을 위해 세심한 배려를 잊지 말아야 한다. 여기서 짚고 넘어가야 할 또 하나의 문제는 카메라 앞에서 연희자들이 공개를 꺼려하여 중요한 부분을 건

너뛴다고 할 때 이것을 찾아내고 지적할 수 있는 '관련 전문가가 있느냐' 하는 점이다. 따라서 기록영화 제작에서는 전문성을 충분히 겸비한 전문가를 선정하는 일도 중요하다. 또한 담당 공무원은 관련 전문가의 견해를 충분히 반영할 수 있어야 한다.

■촬영 단계─기록영화의 촬영은 카메라에 대한 기술적인 능력만으로 해결되는 것이 아니다. 촬영 대상에 대한 이해와 무엇을, 어떻게 촬영할 것인가에 대한 충분한 고민이 선행되어야 한다. 카메라 기술만 믿고 고민 없이 카메라만 들이댄다면 충실한 기록물이 나올 수 없다. 이것은 필자뿐만 아니라 기록영화에 관심을 가진 많은 사람들이 인식하는 상식으로 통하는 것이다. 그럼에도 막상 최근에 제작된 무형문화재 기록영화를 보면 상식을 무색하게 할 정도이다. 상식임에도 상식이 해결되지 않는다면 무언가 난제가 있다고 볼 수밖에 없다. 이 난제를 풀기 위해서는 우선 민속 촬영에 많은 경험을 가짐은 물론 기록에 대한 고민과 사명감을 가진 카메라맨과 촬영감독, 관련 전문가가 담보되어야 한다. 한편, 그동안 무형문화재 기록화 사업은 주로 공개 입찰을 통해서 한 업체에게 모든 종목을 촬영하도록 하였는데, 음악 분야, 무용 분야, 연극 분야, 무속 분야, 공예 분야 등으로 세분화하여 여러 업체를 각 분야별로 나누어 선정(각 분야에 전문성이 인정된 업체)하여 촬영한다면 전문성이 어느 정도 보장되지 않을까 사려된다. 또한 각 업체에 기회를 주어 기록영화 제작 취지에 맞는 더 좋은 기록물을 만들어내려고 노력하도록 자유로운 경쟁을 유도하는 것도 효과적이다.

공예 분야의 경우는 실기자가 제작하고 있는 과정을 안정된 위치에 카메라를 설치하여 촬영해나가면 되나 굿이나 민속예능과 같은 동적인 움직임이 많고 여러 장면들이 동시다발적으로 일어나는 경우에는 모든 장면들을 담을 수 있도록 여러 대의 카메라가 준비되어야 한다. 만약 카메라 한 대로 한 장면만을 촬영한다면 다른 장면들은 놓칠 수밖에 없다. 무형문화재 기록화 사업에서 제작된 비디오 CD의 '남사당놀이' 꼭두각시놀음 장면을 보면, 무대 위에 있는 인형만을 화면으로 보여주고 있다. 무대 뒤에 앉아 인형을 조작하고 있는 사람 쪽에도 카메라가 설치되어 그들이 하고 있는 손놀림이나 대사 장면 등을 담아서 편집할 때 무대 위의 인형들의 연희 장면과 함께 간간이 보여주어 시청자가 꼭두각시놀음의 전모를 충분히 볼 수 있도록 했어야 했다. 여러 대의 카메라로 동시다발적으로 일어나는 모든 장면[10]을 연속적으로 촬영하여 편집 단계에서 시청자들이 연행 과정의 전모를 볼 수 있도록 해야 한다는 점을 기록영화 제작자들은 잊지 말아야 한다.

■편집 단계―촬영이 완벽하게 이루어졌다 해도 편집 단계에서 편집자가 제대로 편집을 하지 못하면 기록영화는 졸작으로 전락하고 만다. 따라서 편집은 매우 중요한 과정이다. 편집에는 편집자의 의도가 들어가는데 편집자와 함께 관련 전문가가 편집 과정에 참석하여 편집 대상을 일일이 선택하고 검증해야 한다. 제작업체에만 편집을 맡겨놓아서는 안 된다. 그동안 제작된 기록영화를 보면 편집자가 기록 종목을 제대로 이해하고 이것을 잘 기록하여 보존하겠다는 의도를 가지고 편집했는지 납득이 가지 않는 것들도 더러 눈에 띈다.

■검증 단계(시사회)―제작된 기록영화는 시사회를 통해 검증된다.

일단 기록영화가 시사회를 통과하면 그 기록영화에 대한 책임은 제작업체, 담당 공무원, 제작에 참여한 전문가, 시사회에 참석한 모든 사람들에게 돌아간다. 만약 촬영에서 문제가 있는 것들이 시사회를 버젓이 통과했을 때, 담당 공무원이나 제작에 참여한 전문가, 또는 시사회에 참석한 사람들이 '촬영은 내가 한 것이 아니기 때문에 내 책임이 아니다'라고 한다면 그것은 책임 회피에 불과하다. 기록영화로서 문제점이 많음에도 시사회에서 아무런 제재(재촬영, 재편집) 없이 통과된다면 시사회에 참석한 모든 사람들은 그 책임을 져야 한다. 시사회에 나온 영화에 대해서 꼼꼼히 살펴보고 따져야 하는 것이다. 따라서 시사회에는 기록영화에 나름대로 전문성을 가진 사람들이 대거 참석해야 한다. 촬영 전문가, 기록 종목에 관련된 전문가 등 많은 사람들이 참석하여 엄밀한 검증이 있어야 한다. 담당 공무원은 시사회에 각 분야의 전문가들이 많이 참여할 수 있도록 조치해야 하며 보다 개방적인 시사회를 통해서 폭넓은 의견을 구해야 한다.

무형문화재 기록영화 제작은 담당 공무원, 관련 전문가, 담당 업체, 문화재 기능보유자에 의해서 이루어진다. 문화재 기능보유자는 자신이 가지고 있는 모든 기능을 아낌없이 카메라 앞에 제시하여 기록 보존이 원활하게 될 수 있도록 협조해야 한다. 담당 업체는 기록영화의 취지를 바르게 이해하여 기술적인 측면에서 기록에 만전을 기해야 한다. 특히 촬영감독과 카메라맨들은 촬영 대상에 대해 사전에 충분한 지식을 가지고 보다 상세하고 확실하게 기록하겠다는 고민이 있어야 한다. 관련 전문가는 기록의 진 과정을 일일이 점검하고 감독해야 한다. 관련 전문가가 기록책자에나 관심을 가지고 영상기록물에 대해서 주의를 기울이지 않는다면 기록영화의 결과는 자명한 일이다. 기획, 촬영, 편집 과정에 깊이 관여해야 한다. 담당 공무원도 기록의 전 과정을 꼼꼼히 점검해야 한다. 특히 제작업체를 과신해서는 안 된다. 세심한 주의를 기울여가며 감독해야 한다. 자신의 소임을 다할 수 있는 담당 공무원이 되려면 제작 과정을 세심히 감독할 수 있는 능력과 전문성을 갖추어야 한다.

2) 국가 기관에서 제작한 영상자료의 보완점

1965년부터 무형문화재과(제작사는 국립영상간행물제작소)에서 실시한 무형문화재 기록화 사업이 국가 기관에서 제작한 민속관련 영상자료 제작의 시초가 된다. 이 사업은 1995년부터 1999년까지 국립문화재연구소에서 주관하다가 2000년, 2001년에는 다시 문화재청 무형문화재과로 이관하였으며, 2002년부터는 국립문화재연구소에서 실시하고 있다.

국립문화재연구소, 경기문화재단, 한국문화재보호재단에서는 비디오를 제작하여 배포하였으며 전남 도청 문화체육과, 문화재청 무형문화재과(2000년, 2001년)에서는 비디오 CD를 제작하여 배포하였다. 물론 이외에도 여타 기관에서 제작된 자료들이 있으나 지면에서는 이들 기관에서 제작된 것들을 중심으로 제작된 자료의 보완점과 해결해야 할 과제들에는 어떠한 것들이 있는지 논해보도록 한다.

첫째, 시간 문제, 이들 기관에서 제작된 자료들은 20~40분 정도로 매우 짧다는 점이다. 영상자료를 제작할 때는 민속의 연행 과정을 전부 기록하여 무엇보다도 1차 자료로서 충분하고 상세한 내용들이 담겨 있어야 한다. 그러나 기관에서 제작된 영상자료들은 시간이 너무 짧게 편집되어 있어 연구를 위한 1차 자료로서 기능하는 데 한계가 있다. 이들 자료들은 방송국에서 시청자들을 위해 짧게 제작한 것과 별반 차이가 없다는 점이다.

영상자료를 제작할 때는 일반인의 시청에 중점을 두어 제작할 것인지, 민속의 보존과 전승에 중점을 두어 전수자와 연구자들이 연구하고 학습하는 자료로서 활용하도록 제작할 것인지 고민해야 한다. 방송국의 경우에는 시청자들을 우선시하므로 전자에 기준을 둘 수밖에 없다. 그러나 전문적인 연구 기관에서 제작되는 것들은 방송국에서 제작하는 것과는 차이가 있어야 한다. 물론 무형문화재에 대한 기록물이 부족하고 단편적이나마 홍보물 제작이 절실했던 과거 10~20년 전의 경우에는 당시 형편상 불가피했을지 모르나, 최근에 제작하는 자료들은 전과 같이 개설적인 수준에서 제작되어서는 안 된다. 지금은 구체적이고 상세하고 전체를 담은 기록물이 요청되는 시기다. 영상물을 제작하는 사람들의 입장에서 '자료가 시간이 길면 보는 사람이 지루하다'는 이유를 들 수 있다. 그렇다면 제작의 중심을 일반인의 시청에 중심을 두었다고 볼 수 있다.

'멸실되어가고 있는 전통문화의 기본 자료를 영상자료로 기록하여 전통문화의 복원을 위한 기초 자료로 활용하고 …… 전통 기예능 기법과 연행 내용의 전 과정을 수록하여 중요무형문화재의 전승 · 전수 교육자료로 활용하고, 전통문화 유산의 기록물을 영구히 보존하고자……'라고 제작의 취지를 말한다고 할 때, 영상물은 제작 취지에 충분히 부응해야 한다. 연구자들이나 전수자들은 축약되거나 누락된 것이 없는 상세하게 전 과정이 기록된 영상물을 원한다. 이렇게 될 때 전수교육 및 연구자료로서 충분히 활용될 수 있기 때문이다. 단편적으로 짧은 시간만을 할애하여 제작된 영상물은 일반인들이 보기에는 좋을지 모른다. 하지만 그러한 부류의 영상자료는 그동안 제작된 것으로도 충분하다. 교육 및 연구용으로 제작되는 영상자료는 일반 시청자들을 의식해서는 안된다. 시간에 구애됨 없이 전체적으로 전 과정을 기록하여 전국의 시, 도 도서관이나 대학, 자료관 등에 비치해둘 때 그 효과는 크게 증대될 것이다.

물론 전 과정이 수록된 원본을 별도로 관리하여 둔다고 할지라도 그 원본을 일반 연구자나 전수자들이 접하기에는 많은 어려움이 있다. 따라서 적은 분량을 제작할지라도 전 과정을 수록한 원본을 그것을 필요로 하는 사람들이 쉽게 접할 수 있도록 조치하여야 한다. 최근에 인터넷의 발달로 인하여 동영상을 각 가정에까지 편리하게 배달될 수 있게 하였다. 원본을 제작 기관의 창고에만 보관해두기보다는 그 기관에서 저작권을 가지고 있는 자료들의 경우에는 일반인이 쉽게 접할 수 있도록 인터넷에 동영상화해놓는 방안도 검토되어야 한다.

둘째, 설명서의 문제로, 영상자료는 충분한 설명서와 짝을 이루어야 한다. 동영상이 담당할 수 있는 부분이 있고 설명서가 담지할 수 있는 기능이 있다. 따라서 상호 보완적이라고 할 것이다. 동영상만 있고 설명서가 없는 자료는 반쪽짜리 자료에 불과하다. 그러한 점에서 동영상과 함께 '기록책자'를 제작한 국립문화재연구소의 예는 획기적인 것이며 영상자료 제작과 관련하여 추구해야 할 좋은 선례가 된다. 짧게 편집된 동영상은 한계로 지적되지만 그럼에도 불구하고 이 기관에서 제작한 기록책자는 극찬을 받을 만하다. 해당 전문가를 동원하여 민속의 절차와 내용, 상차림, 도구의 제작 과정, 사진자료 등 상세히 수록한 이 기록책자는 일반인을 대상으로 했다기보다 전수자나 연구자들의 욕구를 충족시켜 줄 수 있는 자료였다. 경기문화재단이나 한국문화재보호재단, 전남 도청에서 제작한 자료들은 설명서가 아예 없거나 단편적인 것이다.

셋째, 무형문화재 중심으로만 제작하는 것의 문제로, 국가에서 무형문화재 정책이 실시된 이후 무형문화재에 대한 기록과 영상물 제작에 관심을 가지는 것은 당연하다. 그러나 무형문화재로 지정되지 않은 것들 중에서도 중요한 가치를 지니는 민속들이 많이 산재되어 있으며 민속의 범위 또한 광범위하다. 기록의 범위를 무형문화재에 한정해서는 안 된다.

넷째, 일회성 촬영으로 그치는 점으로, 민속은 끊임없이 변해가는 실체다. 천승요 씨[11]는 필자와의 대담에서 "민속은 십 년을 주기로 한 번씩 조사·촬영해야 합니다. 양주별산대의 경우도 십 년 전과 지금 공연은 많이 다릅니다"라고 한 적이 있는데 그의 말처럼 민속을 한 번 기록해두는 것에 만족해서는 안 된다. 주기적으로 그 변화 양상에 주목하여 관심을 가지고 기록하여야 한다.

다섯째, 반드시 고가 장비와 고비용을 들여가며 기록영화식으로만 제작해야 하나? 고가 장비를 동원하여 외부업체에 용역을 주어 촬영하는 경우에 많은 비용이 소요되며 매우 번잡한 일이다. 또한 이렇게 될 경우 빈번히 민속을 촬영하는 것은 불가능하다. 전남 도청 문화체육과의 경우 캠코더를 이용하여 자체적으로 촬영한 자료들을 동영상 CD로 옮겨놓았는데 다소 화질이 떨어지기는 해도 저비용으로 손쉽게 제작할 수 있다는 점에서 선례가 된다. 관련 기관의 근무 요원들이 중요한 민속행사나 기록의 필요성이 있을 때 수시로 나가 직접 조사하고 촬영할 수 있는 방안이 마련되어야 한다. 물론 기관의 특성상 빈번히 나가는 것은 힘들겠지만, 눈앞에 있는 실적이나 업무에만 관심을 보이기보다 기록에 대한 장기적인 안목과 인식을 가져야 한다.

3) 국가 기관에서 제작한 영상자료 목록

문화재연구소, 문화재청 무형문화재과, 경기문화재단, 한국문화재보호재단, 전남 도청 문화체육과에서 제작된 영상자료 목록은 다음과 같다.

【문화재연구소 예능민속연구실】[12]

1995년도 기록화 사업
중요무형문화재 제91호 제와장
(기록영화＋기록책자＋비디오테이프 복제)
• 기획 및 제작처 : 국립문화재연구소 예능민속연구실 · 한국영상.
• 중요 내용 : 기와 제작의 역사, 기와 가마터, 제작 공구 및 제작 과정, 보유자의 한평생 등.
• 촬영 장소 : 전남 장흥군 안양면 전승지, 미륵사지, 국립중앙박물관,

경주, 부여, 대구 박물관 등.

•규격 : 16mm 천연색 90분품.

1996년도 기록화 사업
중요무형문화재 제11-나호 평택농악

(기록영화+기록책자+비디오테이프 복제)

•기획 및 제작처 : 위와 동일.

•중요 내용 : 평택농악의 역사와 특징, 형태와 내용, 보유자 최은창의
　　　　　　 한평생과 인맥 등.

•촬영 장소 : 경기도 평택시 평궁리, 충남 아산시 외암리, 안성 청룡
　　　　　　 사, 북한사 태고사 등.

•규격 : 16mm 천연색 90분품.

중요무형문화재 제93호 전통장

(기록영화+기록책자+비디오테이프 복제)

•기록 및 제작처 : 위와 동일.

•중요 내용 : 전통의 역사, 제작 도구와 재료, 각종 전통의 제작 과정
　　　　　　 (대나무전통, 지전통, 대모전통, 화피전통, 오동나무전
　　　　　　 통, 어피전통, 나전칠전), 보유자 김동학의 생애사.

•촬영 장소 : 경북 경주시 민속공예촌, 국립중앙박물관, 육군박물관,
　　　　　　 영남대학교 박물관, 계명대학교 박물관 등.

•규격 : 16mm 천연색 90분품 내외.

중요무형문화재 제22호 매듭장

(기록영화+기록책자+비디오테이프 복제)

- 기획 및 제작처 : 위와 동일.
- 중요 내용 : 매듭의 구성과 요소, 끈목, 매듭, 술, 전승지 및 전승자, 매듭의 종류와 용도, 매듭 제작 과정(끈목 제작, 매듭 제작, 술 제작).
- 촬영 장소 : 송광사, 표충사, 국립민속박물관, 궁중유물전시관, 국립중앙박물관, 이화여자대학교 박물관, 고려대학교 박물관
- 규격 : 16mm 천연색 90분품 내외.

중요무형문화재 제92호 태평무

(기록영화+기록책자+비디오테이프 복제)

- 기획 및 제작처 : 위와 동일.
- 중요 내용 : 태평무, 대평무 형성 배경과 전승 계보, 춤장단, 춤사위와 춤의 특징, 춤옷, 보유자 강선영의 한평생.
- 촬영 장소 : 문예회관, 국립중앙극장.
- 규격 : 16mm 천연색 80분품 내외.

1997년도 기록화 사업

- 음악 분야 : 강릉농악
- 음식 분야 : 경주교동법주
- 의식 분야 : 승무, 살풀이, 서울새남굿
- 공예 분야 : 배접장, 소반장

- 기록영화, 기록책자, 보급용 비디오테이프 제작.
- 기록영화 제작
  - 16mm 컬러 필름 90분품 내외(강릉농악 등 6건).
  - 베타캠 600분품 내외(서울새남굿).
- 기록책자 발간
  - 규격 및 수량 : 국배판, 1,000부, 컬러 도판.
- 보급용 비디오테이프 제작
  - 1,000개 복제

1998년도 기록화 사업

- 음악 분야 : 예천통명농요
- 의식 분야 : 석전대제, 경기도 도당굿, 남해안 별신굿
- 공예 분야 : 옥장, 윤도장
- 놀이 분야 : 안동차전놀이
- 기록영화, 기록책자, 보급용 비디오테이프 제작
- 기록영화 제작
  - 베타캠 50분~300분품
- 기록책자 발간
  - 규격 및 수량 : 국배판, 1,000부, 컬러 도판
- 보급용 비디오테이프 제작
  - 1,000개 복제

1999년도 기록화 사업

- 음악 분야 : 임실필봉농악

- 의식 분야 : 강릉단오제
- 공예 분야 : 대목장, 자수장, 완초장, 사기장, 각자장
- 놀이 분야 : 한 장군놀이
- 기록영화, 기록책자, 보급용 비디오테이프 제작
- 기록영화 제작

  — 베타캠 50분~300분품
- 기록책자 발간

  — 규격 및 수량 : 국배판, 1,000부, 컬러 도판
- 보급용 비디오테이프 제작

  —1,000개 복제

【문화재청 무형문화재과】

- 2000년 — 양주별산대놀이, 남사당놀이, 고성오광대, 이리농악, 동래야류, 처용무, 줄타기, 탕건장, 목조각장, 화각장
- 2001년 — 진도씻김굿, 수영야류, 통영오광대, 봉산탈춤, 양주소놀이굿, 북청사자놀음, 망건장, 금속활자장, 단청장, 갓일

【한국문화재보호재단】

문화재보호재단에서는 과거 문화재 관리국 무형문화재과에서 기록 보존용으로 제작한 기록영화를 복제하여 비디오로 제작하였다.

분류		제목
한국의 문화재		우리 문화재 · 백제 문화재, 민속예술제 · 민속박물관, 우리의 문화유산
한국의 전통예술	연극 편	꼭두각시놀음, 봉산탈춤, 북청사자놀음, 송파산대놀이, 하회별신굿 탈놀이, 은율탈춤, 발탈
	음악 편	종묘제례악, 국악기 · 대취타, 가야금의 유래와 산조, 국악 · 아악(수제천), 고성농요 · 남도들노래
	무용 편	승전무, 한국의 무용, 살풀이, 승무
	굿 편	양주소놀이굿, 제주칠머리당굿, 은산별신굿, 진도씻김굿, 서해안배연신굿 및 대동굿, 강릉단오제
	놀이와 의식	영산재, 밀양백중놀이, 고싸움놀이 · 안동차전놀이, 기지시줄다리기, 좌수영어방놀이, 영산줄다리기, 영산쇠머리대기
한국의 전통공예	금속공예	조각장, 입사장, 장도장 · 은장도, 두석장, 백동연죽장, 유기장
	목죽칠공예	나전칠기, 끓음질, 소목장, 낙죽장, 채상장, 양태장, 궁시장, 단청장
	직물공예	한산모시짜기, 명주짜기와 바디장, 나주의 샛골나이, 곡성의 돌실나이, 갓일, 망건장
	도토공예	옹기장, 고려자기, 이조자기, 토기, 석굴암
	피혁공예	화장 · 꽃신, 북메우기
	서화	이조의 명화, 한국미술오천년, 한국의 민화, 한국의 회화
한국의 생활문화	음식 편	조선왕조 궁중음식, 전통음식
	무예 편	택견, 태권도, 활, 씨름
	자연 편	강화도, 홍도, 속리산, 설악산, 제주도(한라산)
	생활 편	한가위, 단오, 설, 한평생, 우리 집안, 한옥, 가구공예, 한국의 손, 한국인의 웃음, 한국 무속, 한의원, 진도개, 고향의 봄

【경기문화재단】

경기문화재단은 경기도 지정문화재에 한하여 비디오 영상자료를 제작하고 있다.

1999년에는 여덟 편이 제작되었으며 2000년에는 다섯 편이 제작되었다. 1999년의 경우에는 여덟 편의 비디오 자료가 제작 · 배포되었으나 2000년의 경우에는 제작은 완료되었으나 제작상의 문제로 인하여 현재 미배포 상태에 있다. 2001년에는 사업이 보류되었다.

- 1999년 — 안성 남사당 풍물놀이, 양주 상여 · 회다지소리, 승무와 살풀이 춤(화성재인청류), 선비 문화의 꽃 벼루, 천년의 꿈 한지(韓紙), 다시 살아나는 색 옻칠, 우리 배(韓船)이야기, 우리술 부의주(浮蟻酒).
- 2000년 — 구리 갈매동 도당굿, 입사장, 김포 통진두레놀이, 단청장, 경기소리

【전라남도 문화체육과】

전라남도 문화체육과에서는 전라남도에 있는 중요무형문화재와 지방무형문화재를 대상으로 1995년과 1996년에 비디오 CD를 제작하였다. 95년에는 예능 분야 총 17종을 아홉 개의 비디오 CD에 담았으며, 96년에는 기능 분야 17종을 비디오 CD에 담았다. 담당자에 의하면, 이 자료는 비디오로 촬영한 것을 CD로 옮긴 것인데 무형문화재에 대한 기록 보존과 홍보를 위해 만들었다고 한다. 제작 당시로서는 상당히 선구적인 사업이라고 하겠으나 기록 보존에

대한 학술적인 지식과 기술이 부족하고 예산상의 어려움으로 차후
에는 아직 계획이 없다고 한다.

- 1995년 — 강강술래(해남), 강강술래(진도), 남도 들노래, 진도 씻김
  굿, 진도 다시래기, 향제줄풍류, 거문도 뱃노래, 남도 노
  동요, 화순 한천농악, 현천 소동패놀이, 우도 농악, 진도
  북놀이, 진도 만가, 우수영 부녀농요, 장산도 들노래, 가
  거도 멸치잡이노래, 승주 달집태우기
- 1996년 — 참빗장(영암, 담양), 옹기장, 제와장, 담양 채상장, 나주
  반장, 담양 죽렴장, 소목장, 옥장, 유기장, 광양 궁시장,
  장도장, 나주 샛골나이, 곡성 돌실나이, 곡성 낙죽장도,
  담양 낙죽장, 해남 진양주, 진도 전통 홍주

영상자료의 보관 및 보존 대책

1) 수집된 자료의 분류와 해제

수집된 자료는 항목별로 분류되어야 하며, 직접 현행 현장에서
참여 관찰을 하지 못한 사람들도 쉽게 이해될 수 있도록 그 자료
가 담고 있는 내용과 의미를 자세히 부연한 설명서가 항상 첨부되
어야 한다. 가령 무속의례를 설명서에 기입할 때는 날짜, 장소, 출
연자 명단, 굿을 행한 목적, 각 거리별 순서와 시간, 그날 행해진
의례의 두드러진 특징이나 의미 등이 상세히 기술되어 있어야 한
다. 이런 설명서가 책자로 만들어져도 좋을 것이다. 이런 설명서
를 참고하면서 영상자료를 볼 때, 자료 이용자들은 직접 현장에서

참여 관찰한 사람의 설명이 없더라도 자료의 내용을 쉽게 이해할 수 있을 것이다.

필자가 문예진흥원 예술자료관에서 영상자료를 이용할 때마다 아쉬운 점은 자료에 대한 설명서가 아예 없거나 있는 것들도 몇 줄에 불과하여 자료를 이해하고 충분히 이용하는 데 큰 도움이 되지 못한다는 것이다. 이 점에 대해서 칼 하이더도 다음과 같이 지적하였다.

"현재 이 자료 필름들이 민족지 영화로서 어떤 가능성을 지녔든 간에, 거기에 대한 해제와 함께 보관되어야만 한다. …… 오리지널 필름에 주석이 달리지 않았을 땐 잃어버린 것과 거의 다름이 없다."[13]

2) 보존 대책

문헌자료와는 달리 영상자료의 최대의 난점은 보존 대책이다. 현재의 영상자료는 현 시대는 물론 미래의 연구자들에게도 중요한 자료가 될 수 있으므로 그 보존 대책에 만전을 기해야 한다.

우선 온도와 습도를 잘 고려하여 되도록 자료에 손상이 가지 않는 곳에 보관해야 한다. 또한 비디오테이프의 경우 오랫동안 방치해두면 필름이 접착되어 화질에 손상이 우려되므로 가끔씩 필름을 감아주어야 한다.

영화필름과는 달리 민속 연구가들이 흔히 사용하는 비디오테이프의 경우 손쉽고, 싸게 이용할 수 있으나 화질 수명이 7~10년 정도이므로 반영구적인 보관이 불가능하다. 따라서 이것을 반영구적으로 보관하려면 레이저디스크나 CD로 옮겨놓아야 한다. 레이저

디스크의 경우 엄청난 예산이 소요되므로 보다 가격이 저렴한 CD
로 옮겨놓는 것이 용이할 것이다. 만약 예산상 전체를 전부 CD로
옮겨놓는 것이 불가능하다면 자료 가치가 높고 화질의 손상이 크
게 우려되는 것부터 우선적으로 영구보존 대책을 세우는 것이 바
람직하다.

영상자료의 분석과 활용

1) 활용 방법

영상자료는 영상 라이브러리를 통해 많은 연구자들이 이용할 수
있도록 해야 한다. 또한 각 개인들이 소장한 자료들도 자료적 가
치가 큰 것들은 영상 라이브러리에 수집되어 널리 이용될 수 있어
야 한다. 자료는 항상 공유되고 활용될 때 그 가치가 충분히 발휘
될 수 있다. 사실 아무리 뛰어난 학자라도 자신이 가지고 있는 자
료를 100퍼센트 활용할 수 있는 학자는 없을 것이다. 자료가 공유
될 때는 자신이 보지 못하거나 이용하지 못한 측면을 다른 사람들
이 활용할 수 있으므로 학문의 발전에도 큰 도움이 된다.

강의시간에도 영상자료는 널리 이용될 수 있다. 특히 현지 조사
에 많은 시간적 · 경제적 제약을 받고 있는 학생들에게 영상자료는
강의 교재 못지않게 유용하게 활용될 수 있다. 그러나 그동안 민
속학 수업에 영상자료가 충분히 이용되지 못했다.

"아마도 이것은 아직 기성 학자들의 영상자료에 대한 신뢰도가
그리 높지 않다는 사실과 함께, 우리의 교육방식이 대학에서조차
도 텍스트에 기초한 일방적인 강의 위주로 이루어지고 있는 것과

도 깊은 관련이 있는 것 같다."[14]

이제는 민속학 논문도 단순히 활자로 된 논문으로만 작성할 것이 아니라 영상자료가 첨부되어 문헌자료가 나타낼 수 없는 점을 보충해준다면 민속학 연구에도 새로운 지평을 열 수 있을 것이다. 예를 들어 만약 어떤 연구자가 진도씻김굿을 학위 논문으로 제출한다면 논문에서 제시한 의례의 전체적인 상황(즉 상차림, 소품, 의례 절차, 정보 제공자와의 인터뷰 내용 등)을 영상자료로 편집하여 논문과 함께 제출하고, 그 자료는 영상 라이브러리에 보관되어 많은 사람이 이용할 수 있도록 한다면 민속 연구에 많은 기여를 할 것이다. 더 나아가 논문 자체를 영상매체로만 편집하여 작성할 수 있는 것도 생각해볼 수 있다.

2) 영상자료의 분석

연구자들이 영상자료를 시청하고 각자의 학문 연구에 이용할 때 저마다 자신의 시각에서 다양한 정보를 얻을 수 있겠지만, 일단 수집되어 분류된 자료들은 일정한 분석의 틀에 의해서 연구되어야 한다. 영상자료는 문자기록의 한계를 뛰어넘는 많은 장점을 가지고 있으나 영상자료 역시 촬영자나 편집자의 시각에 의해 1차적으로 걸러진 것들이다. 민속이 일단 영상으로 기록되면 시청자들은 카메라에 기록된 것만을 볼 수 있을 뿐이다.

따라서 연구자들은 영상자료가 실제 연행 현장에서 보는 것과 차이점이 무엇인지를 생각해야 한다. 화면을 통해 시청하여 얻을 수 있는 자료들은 어떤 것들이 있는지, 연구자는 어떤 부분을 눈여겨보아야 하는지, 또한 같은 의례라도 여러 개의 영상자료가 있

을 때 어떤 차이점이 있으며 그 변수는 어떤 것들인지 검토해보아
야 할 것이다.

3 민속관련 영상자료의 보존 실태와 과제

한국영상자료원에서 1997년에 조사하여 제작한 《공연영상자료목록》을 보면, 영상자료를 보유하고 있는 기관으로 공연윤리위원회, 교육방송, 국립국악원, 국립문화재연구소, 국립민속박물관, 국립영상제작소, 국립중앙극장, 국립중앙도서관, 국립현대미술관, 대한민국예술원, 문화방송, 서울예술단, 예술의 전당, 한국관광공사, 문예진흥원, 한국방송공사, 한국예술종합학교, 청소년개발원, A&C코오롱이 있다.[15] 물론 이들 기관에서 소장하고 있는 영상자료는 민속과 관련된 자료 외에도 현대 무용, 음악회, 관광 홍보, 미술 전시 등 그 내용이 다양하다. 필자는 여건상 이 기관을 전부 방문하여 조사하지는 못했다. 단지 민속과 관련하여 보다 밀접한 관련을 가진 몇 개의 기관을 방문조사하였는데 아래에서는 이들 기관을 중심으로 그 실태와 과제를 논해보도록 한다.

현재 국내에서 민속관련 영상자료를 보유하고 있는 기관으로는 문예진흥원 예술자료관, 문화재연구소 예능민속실, 국립민속박물관·국립국악원 자료실을 우선 들 수 있으며 그 외 각 시군 문화원이나 시청자료실, 방송국 등에 자료들이 산재되어 있다. 또한 캠코더의 보급으로 개인 연구자나 민속 애호가들에 의해 촬영된 영상자료가 개인적으로 보관되어 있다.

한편 국립문화재연구소와 경기문화재단, 한국문화재보호재단에서는 비디오를 제작하여 배포하였으며 전남 도청 문화체육과, 문화재청 무형문화재과에서는 동영상 CD를 제작하여 배포하였다. 또한 문예진흥원 예술자료관과 국립국악원 자료실, 국립민속박물관 자료실의 경우에는 일반인이 와서 영상자료를 열람할 수 있도록 시설이 갖추어져 있다.

문예진흥원 예술자료관

1979년부터 전통문화와 문화예술 전반에 걸친 시청각 자료를 모아 영상 라이브러리의 구실을 해오고 있으며, 영상자료를 시청할 수 있는 시설이 갖추어져 있다. 개관 초기부터 1997년 10월까지 수집한 영상자료를 보면, 현재 예술자료관에는 전통 851편, 미술 502편, 국악 516편, 음악 3,073편, 연극 352편, 무용 1,725편, 문화 기타 166편이 있다.[16]

현재 예술자료관의 가장 시급한 문제점은 자료의 영구보존 대책이다. 특히 예술자료관의 영상자료는 상당수가 비디오테이프로 되어 있어 화질 수명이 고작 7~10년에 불과하므로 이들 자료의 보존 대책은 매우 긴급한 과제라고 볼 수 있다. 이들 자료 중에는 더 이상 실제 상황에서 볼 수 없는 작고한 분들의 자료도 많이 있어 이들 자료의 희귀성과 가치는 매우 높다. 그러나 아직 당국자들은 여기에 대한 예산 편성은 물론, 보존대책도 없는 실정이다.

필자는 문예진흥원 예술자료관의 실태를 조사하기 위해 1998년 봄과 2001년 봄에 방문한 적이 있다. 1998년에 필자가 갔을 때 당시 실무자는 영상자료의 영구보존 대책을 묻는 필자의 질문에 무관심한 반응을 보였다. 1998년도 조사시 예술자료관의 근무 인원은 영상담당(男)과 음향담당(男), 서무담당(女)을 하는 세 명의 직원과 자료출람 업무를 맡고 있는 두 명의 아르바이트(女)가 있었다. 2001년에 조사를 갔을 때는 3년 전의 실무자들이 전부 교체되어 있었다. 현재의 근무 인원은 정규직 세 명과 계약직 한 명, 그리고 아르바이트 두 명이 있다. 실무자에 의하면, 정규직 세 명 중 한 명은 영상자료의 제작 및 관리를 담당하고, 한 명은 음향담당과 문화강좌를, 또 다른 한 명은 영상자료의 수집과 음악담당 및 서무를 담당하고 있으며, 계약직 한 명은 영상자료의 제작 및 편집과 이용자들의 자료 복사 업무를 담당하고 있다고 한다.

영상자료의 제작은 서울연극제, 서울무용제 등 주로 문예진흥원에서 주관하는 사업들 위주로 담당자가 가서 촬영한다고 한다. 영상자료의 수집은 자료의 목록을 수집하여 항목을 작성한 후에 예산을 청구하여 구입한다고 한다. 그러나 영상자료의 수집은 방송국에서 방영된 것들이나 외국에서 나온 비디오테이프 위주로 구입하고 있으며 그 외의 경우에는 영상자료의 유통 경로나 현황을 파악하기가 어려워 구입하는 것이 힘들다고 한다. 예술자료관의 영상자료의 보존 대책에 대해서는 2000년에 국감에서도 지적된 바가 있다. 예술자료관에서는 자체 예산으로는 보존 대책이 어려운 상황이므로 정보통신부가 주관하는 국가지식정보DB구축사업에 신청을 해놓은 상황이나 그 실현 가능성은 현재로는 단언할 수 없다고 한다. 현실적인 어려움을 묻는 질문에 담당자는 영상자료와 관련된 기기 조작이 가능한 전문인력의 부족과 예산상의 문제가 근본적으로 대두된다고 한다. 실제로 담당자들이 건의를 한다고 해도 예산 편성에서 번번이 누락되는 것이 현재 실정이라고 한다.

예술자료관의 과제는, 우선 영상자료의 보존 대책이 시급히 마련되어야 한다. 둘째, 전문인력이 확보되어야 한다. 현재의 인력으로는 일상 업무와 함께 영상자료의 수집과 촬영, 편집과 제작을 하는 데 역부족이다. 또한 일반 행정요원에 의해서 예술자료관이 관리되는 것은 전문성에 문제가 있다. 일반 연구소와 같이 해당 전공 분야를 전공한 전문인력이 배치되어야 한다. 특히 민속학 전공자와 영상기기에 대한 기술적인 능력을 담당할 전문인력이 갖추어져야 할 것이다. 예술자료관을 영상자료의 수집, 제작, 관리 및 연구 기능까지 담당할 수 있는 영상자료연구실로 그 위상을 한층 강화시키고 연구원으로 전문인력을 배치하는 방안도 검토해보아야 한다. 영상자료의 관리는 단순히 사서를 담당하는 관리자와는 차이가 있다. 영상자료에 대한 주석과 해석, 분류를 할 수 있는 연구자가 있어야 한다.

한편 현재 전통문화관련자료와 일반문화예술자료를 통합적으로 관리하여 자료의 집적과 전문적인 관리에 많은 문제점이 제기된다. 예술자료관을 전통문화자료관과 일반예술자료관으로 분리 운영하는 방안도 검토해볼 만하다.

문화재연구소 예능민속연구실[17]

예능민속연구실이 소장하고 있는 영상자료는 무형문화재에 속하는 무용, 공예, 무속, 국악, 민속놀이, 민속극 등이다. 한편 전통문화의 기본 자료를 영상자료로 기록하여 전통문화의 전승 및 교육과 복원을 위한 기초 자료로 활용한다는 취지에서 과거 국립영상제작소에서 30년(1965~1994년) 동안 제작해오던 사업을 1995년부터 이관받아 1999년도까지 연차적으로 '무형문화재 기록화 사업'을 추진한 바 있다. 무형문화재 기록 사업은 2000년과 2001에는 문화재청 무형문화재과로 이관되어 사업이 실시되다가 2002년부터 다시 예능민속실에서 실시하고 있다.

예능민속연구실이 하고 있는 현재 업무는 예능 및 민속에 대한 학술조사 사업과 무형문화재 기록화 사업, 국악음반자료(CD) 제작 사업이다. 예능민속연구실이 국내의 민속을 국가적인 차원에서 체계적으로 기록하고 자료화하는 중심 기관이라고 할 때 민속에 대한 영상자료화 사업에 대한 인식과 고민이 한층 강화되어야 한다. 영상자료의 수집, 제작, 보존 관리, 이용자를 위한 편의시설 설치와 이러한 일을 담당할 전문인력의 확보는 차후 예능민속연구실의 과제다.

국립민속박물관

국립민속박물관의 경우에 공영 영상물, 방송국의 다큐멘터리 자료, 정부 기관에서 제작한 무형문화재 관련자료 등이 자료실에 비치되어 있으나 소량에 불과하다. 최근에 정보화 사업과 관련하여 시청각 자료에 대한 논의는 있었으나 현재 추진 단계는 아니다. 민속박물관은 민속에 대한 전시, 교육, 연구기능과 함께 민속자료에 대한 자료관의 기능도 갖추어야 한다. 문예진흥원 예술자료관이 민속자료뿐만 아니라 서양의 예술자료까지를 총망라하고 있고, 또한 민속학에 대한 전문성이 없는 일반 행정요원들에 의해서 운영되는 것에 비해, 민속박물관은 민속학을 연구하는 연구자들에 의해서 전문성을 보장받을 수 있다. 민속이라는 단일 분야에서 보다 많은 영상자료 수집과 제작에 관심을 보여야 한다.

국립국악원 자료실

소장 영상자료로는 국악, 굿, 무용, 탈춤, 창극에 걸친 무형문화재 정기공연이나 연주회, 다큐멘터리 자료 등이 있다. 자료실 담당자에 의하면 현재 자료의 제작은 국립국악원 공연장에서 행해지는 공연에 한하여 음영상실에서 촬영하여 자료를 자료실로 넘기면 자료실은 이 자료를 보관한다고 한다. 또한 자료실에서 소장한 자료 목록은 인터넷에 공개하고 있으며 직접 시청을 원하는 사람은 자료실에 와서 컴퓨터를 통해 열람이 가능하도록 하고 있다고 한다. 국악원 자료실의 경우 영상자료의 보존 대책이 비교적 잘 되어 있는 곳으로 평가된다. 현재 1999년도 자료까지 DB화가 되어 있다. DB화는 자료실에서 청구를 하면 전산실에서 총괄적으로 DB화를 하는데, 실제 작업은 DB 전문기관에 용역을 준다고 한다.

시 · 군 문화원

시 · 군 문화원의 경우 자료가 궁핍한 실정이다. 주로 중앙의 관련 기관에서 제작한 몇 편의 자료나 그 지역에서 촬영한 몇 편의 영상자료가 있는 정도이다. 각 시 · 군 문화원에서도 지역의 민속을 영상자료화하는 데 좀더 적극적인 자세가 필요하다. 중앙에서 전국 각지의 민속을 속속히 파악하기란 힘들기 때문에 그 지역의 문화는 되도록 그 지역문화원에서 항상 관심을 가지고 현황을 파악해두어야 한다. 행사가 있을 때는 그것을 영상자료화하여 문화원의 자료관에 보관함과 동시에 전국의 주요 자료관에도 자료를 전달하여 자기 지방의 문화가 많이 알려지고 많은 사람들이 이용할 수 있도록 하는 방안이 검토되어야 한다. 가령 그 지역 마을에서 행해지는 동제의 제일(祭日)을 파악해두었다가 동제가 행해질 때 주민의 협조를 얻어 캠코더로 전부 기록해둔다면 소중한 자료가 될 것이다.

지금은 문화의 중앙 집권화, 획일화를 막고 지역문화의 발굴과 보호 및 전승에 있어서 지역 문화원들의 적극적인 역할이 요청되는 시기다. 따라서 각 문화원에서는 그 지역 문화의 정체성에 노력해야 하며 지역민속에 대한 학술조사, 영상자료화에 보다 관심을 가져야 한다.[18]

개인 소장자료

캠코더의 보급 이후 민속 학자나 민속 애호가들이 개별적으로 촬영한 영상자료들이 제법 산적해 있다. 민속관련 연희자들도 자신이 출연한 영상자료를 몇 편씩 보유하고 있다. 이들 자료들은 사장될 우려가 크다. 각 기관의 자료관에서는 이들 자료에 대해서도 관심을 가져야 한다. 수소문을 통한 현황 파악도 어느 정도 실효성이 있다. 현황을 파악하여 보존할 가치가 있는 자료들은 수집하여 자료관에 보관해야 한다. 각 개인 소장자들의 경우에도 자신의 자료의 보존 대책이나 많은 사람들이 이용할 수 있도록 하는 방안을 생각해야 한다. 개인의 서재 속에만 있다가 소멸된다면 안타까운 일이다.

영상자료는 국가 기관으로부터 개인에 이르기까지 소장처가 넓게 분포되어 있다. 위에서 제기된 바와 같이 각 기관의 경우, 영상자료의 체계적인 수집과 제작, 보존 대책, 이용자를 위한 배려, 이러한 일을 보다 효율적으로 수행할 수 있는 전문인력의 확보 등은 시급히 해결되어야 할 과제로 남는다. 영상자료는 단순히 일반 자료실과 다름없이 도서관학 출신인 사서담당자에게 맡겨져서는 안된다. 국립국악원 자료실에서 근무하는 곽석자 씨는 단순히 일반 사서담당자에게 영상자료가 관리될 때 자료에 대한 전문성의 결여로 자료의 중요성에 대한 인식이 부족하고, 자료의 분류 및 관리, 보존 대책에서 효율적이지 못하다고 지적한다.

현재 각 기관의 경우 영상자료가 일반 사서담당자들에 의해 관리되고 있는 점은 시정되어야 한다. 영상자료를 책과 같이 취급해

잠실 놀이마당에서 공연되고 있는 '웃다리농악'(경기 지방). 휴일이면 각종 민속 공연이 행해지는 잠실 놀이마당은 민속 연구자들이 손쉽게 찾아가서 공부할 수 있는 공간이다.

서는 안 된다. 영상자료는 책과 달라 화질의 손상이나 파손의 위험이 크다. 또한 DB작업을 할 때 외부업체에 용역을 맡긴다고 하더라도 그 자료에 대한 주석이나 해설책자를 제작할 때 상세히 기술할 수 있는 전문가에 의해서 관리되어야 한다. 자료의 수집, 제작, 편집 등에서도 단순히 기술적인 차원을 넘어 자료의 내용을 이해하고 분석할 수 있는 해당 전공자에 의해서 관리되어야 한다. 또한 이들 전공자들은 자료의 분석과 해석뿐만 아니라 스스로 영상기기를 충분히 다룰 수 있어야 하며 웬만한 것은 스스로 제작하고 편집할 수 있는 능력을 갖추고 있어야 한다. 따라서 영상자료는 해당 전공자에 의해서 관리되도록 하되 기기 조작 등 기초적인 기술적 측면들은 정기적인 외부 교육을 통해 해결해나가야 할 것이다. 이러한 제반 조건들이 충족되기 위해서는 무엇보다도 관계기관에서 영상자료의 중요성을 인식해야 한다.

맺음말

이제 우리는 영상시대에 살고 있다. 그러나 영상시대에 살고 있음에도 불구하고 이것을 잘 활용하지 못한 채 문헌기록에만 의존한다면 학문이 현실적인 변화에 보다 능동적으로 적응해나가지 못할 것이다.

민속학에서도 문헌자료에 대한 집착에서 벗어나 영상자료에 대한 새로운 인식을 할 필요가 있다. 영상자료도 논문에 이용되고, 참고 문헌 목록에 기록되고, 그 영상자료를 가지고 많은 사람이 비평하고 토론할 수 있는 분위기가 조성되어야 한다. 우선 이런 것들이 시도되기 위해서는 민속에 대한 충분한 영상자료화가 이루어져야 하며 자료에 대한 보존, 해제, 연구가 활발하게 조건지어져야 할 것이다.

이 글은 이러한 분위기 조성을 기대하면서 영상자료에 대한 개괄적인 서설을 시도해보았다. 영상자료가 민속 연구에서 충분히 활용되기를 기대한다.

【영상사회학】 **3**

영상사회학의 발전과
영역의 확대

김현숙

본 글은 본래 1998년 《한국예술종합학교논문집》(창간호)에 실렸던 동일 제목의
논문에 '한국의 영상사회학'이라는 항목을 첨가하여 보완한 글이다. 본 글에서
필자는 우선 외국의 영상사회학자들의 기존 연구를 통해 사회학 내에서의
영상사회학의 위상과 발전 과정 및 그 영역의 확대를 검토함으로써 영상사회학사에
해당하는 정리 작업을 해보고자 했다. 그리고 지난 몇 년간 한국에서 시도되었던
영상사회학 강좌와 연구를 소략하게나마 소개하고 향후에 영상사회학이
전개되어야 할 방향에 대해 전망해보았다.

본 글은 최근 한국 사회학계에서 새로운 분야로 관심이 증대되고 있는 영상사회학[1]의 발전 과정과 그 영역에 관한 정리 작업이다. 한국에서의 연구는 이제 시작 단계에 있기 때문에 그 논의들을 본격적으로 검토할 단계는 아직 아니다. 한국에서의 영상사회학의 발전은 한국 사회의 영상문화의 발전과 더불어, 그리고 한국 사회학의 학문적 발전과 더불어 이뤄질 것이지만, 이 과정에서 외국에서의 영상사회학에 관한 기존 연구들을 검토해보고 이로부터 중요한 함의를 얻을 수 있다면 그 연구가 훨씬 더 풍부해질 수 있을 것이다. 따라서 본 연구는 미국과 유럽의 영상사회학자들의 기존 연구를 통해서 영상사회학의 사회학 내에서의 위상과 발전 과정 및 그 영역의 확대 과정을 검토하는 것을 주 목적으로 하고, 이에 덧붙여 이제 막 시작된 한국의 영상사회학의 상황을 다소나마 살펴보고자 한다.

다른 분야보다도 영상사회학 분야는 예술사, 영상인류학, 커뮤니케이션학, 심리학, 지리학, 문화 연구 등등 인접 학문 분야의 연구자들 및 학계의 울타리 밖에 있는 영상작가들과의 활발한 교류 속에 발전해왔지만 이 작업에서는 사회학계 내에서의 논의와 사회학자들의 기존 연구를 중심으로 다루고자 한다.

1 사회학에서 영상의 위상과 영상사회학의 발전

사진과 사회학은 산업화와 부르조아 혁명의 산물로서 1839년 프랑스에서 태어났다. 같은 시·공간에서 쌍생아로 태어난 새로운 보는 방식으로서의 사진과 새로운 해석의 렌즈로서의 사회학이 상호작용을 통해 서로 풍성해질 수 있었으리라 기대해볼 수도 있었을 것이다. 그러나 시각적 이미지, 영상과 관련된 것은 사회학 연구에서 대체로 제외되어왔고, 대부분의 사회학자들은 구텐베르크적 신드롬 속에 안주해왔다. 19세기 말부터 시작된 영상사회학의 시도가 주류 사회학계에서 배제되고 시각적 이미지에 대한 관심이 주변화되었던 이유와, 그 주변성 속에서도 다시금 영상사회학이 발전하게 된 과정을, 영상사회학의 초기 역사로부터 오늘날에 이르기까지의 영상사회학의 궤적을 보여주는 주요 논의들을 중심으로 살펴보고자 한다.

영상사회학의 초기 역사와 영상의 주변화

19세기 말에 시작된 영상사회학은 이제 100년이 넘는 역사를 가지고 있다. 그러나 1910년대 중반부터 1960년대에 이르기까지 오랫동안 단절되고, 주변화되었다. 사회학의 역사를 검토하여 영상이 주변화된 이유를 분석하고 있는 대표적인 연구로는 스타츠(Stasz)의 연구와 화이페와 로(Fyfe & Law)의 연구를 들 수 있다.

1970년대 미국에서의 영상사회학의 성과들을 집대성한 논문집인《정보의 이미지 : 사회과학에서의 사진(Image of Information : Still Photography in the Social Sciences)》(1979)에서 스타츠는 미국 사회학의 역사를 검토하여 19세기 말 사회학의 시작과 더불어 영상사회학이 시작되었음을 밝히고, 그것이 왜 주변화되었는가를 분석하고 있다.

많은 영상사회학자들이 영상사회학의 기원을 다큐멘터리 사진이나 인류학의 영향에서 찾기도 하지만, 그 이전에 사회학이 카메라와 만났다는 것을 아는 사회학자들은 거의 없다고 하면서, 1896년부터 1916년 사이의《미국 사회학회지(American Journal of Sociology)》(이후 AJS)의 Vol. 2~21을 검토하여 이 기간에 31편의 논문에 244장의 사진이 그들의 논의를 위한 예시와 증거로 사용되었음을 밝힘으로써 영상사회학의 초기 역사를 복원하였다. 스타츠는 초기의 영상사회학의 역사를 검토하는 것은 ① 초기의 역사적 특성을 파악하는 데, ② 왜 그러한 방법의 가능성이 간과되고 무시되었는지를 파악하는 데 중요하다고 보고 있다.

1897년 블랙말(Blackmar)의 캔자스의 가난한 두 가족에 관한 사례 연구²에서 시작하여 사회개혁 문제를 다루며 사진을 사용한 많은 연구들³이 AJS에 발표되었다고 한다. 이 연구들은 모두 시각적 재현 기술의 사용을 능숙하게 보여주고 있지만, 사실상 부시넬 (Bushnell)의 〈시카고 주식시장의 사회적 측면들(Some Social Aspects of the Chicago Stockyards)〉 I(1901a), II(1901b), III(1902)'에 와서야, 풍부한 사진의 제시가 텍스트와 표만큼 주제를 이해하는 데 유용하게 사용되기 시작했다고 보고 있다. 이후 사진을 광범위하게 사용한 다른 연구로는 여러 연구자들이 참여한 연속 연구였던 〈시카고 주거문제(Chicago Housing Problems)〉(1910~1915년 사이의 아홉 편의 연속 연구)인데, 이들의 논문들은 도시의 다양한 인종집단들의 독특한 문제들(가족들에 관한 실내 사진, 열악한 주거 환경 등)을 분석하고 있다고 한다. 이들 사진들은 이후 Farm Security Administration의 다큐멘터리 작업을 예고하는 것이었다고 한다.

초기의 사진을 사용한 연구 논문들의 특성을 살펴보면, 전체의 3분의 2는 오늘날 영상사회학자들이 문제를 제기할 만한 방식⁴으로 사진이 사용된 반면에, 빈센트(Vincent, 1898)와 부시넬 (1901a),(1901b),(1902)의 연구, 시카고 주거문제 연구집단들의 연구는 오늘날에도 유용한 접근들이었다고 보고 있다. 즉 카메라의 존재로 인한 왜곡을 최소한으로 줄였고, 기술적인 역량이 있었으며, 가장 중요한 것으로는 규정된 컨텍스트 속에서의 활동들을 잡았다는 것이다. 이것은 다시 말해서 특정 상황 속에서 활동을 풀프레임(full frame)으로 가능한 한 몸 전체를 포함하는 이미지들을 찍어냈다는 것이다. 노동의 사회사를 연구하는 연구자들은 이들 논문들의 사진들에서 많은 것을 추론해낼 수 있다고 보고, 그런 이유에서 영상사회학의 기초가 그때 제시되었다고 결론짓고 있다.

그러나 1914년 시카고의 주거문제 시리즈가 끝나자 사진들은 *AJS*에서 사라졌는데, 그렇게 된 이유는 여러 가지가 있을 수 있으나, 핵심적인 것은 편집진의 결정이었다고 보고 있다. 1896~1904년 사이에는 사진을 이용한 논문들이 20편이 있었고, 1905~1909년 사이에는 단 한 편도 없었으며, 1910년~1915년 사이에는 사진을 사용한 논문들이 다시 등장했으나, 그것들은 시카고 주거문제 시리즈들뿐이었다는 것이다. 따라서 편집 정책이 1905년에 바뀌었다고 볼 수 있다고 한다. 이때는 행태주의자인 알비온 스몰 (Albion Small)이 편집장이 되어 학회지의 형식과 성격을 바꾸었는데, 그는 사회학을 '순수과학(pure science)'으로 만들고자 했으며, 사회학자들이 그들의 연구 주제를 다루는 태도가 화학자, 물리학자, 그리고 생리학자가 그들의 주제를 다루는 태도처럼 되어야 한다고 생각했다. 사회학과 사회개혁의 관계에 관해서 그는 생물학과 공중위생학과의 관계와 유사한 것이라고 보면서, 사회학은 "아마추어리즘에서 벗어나 신뢰할 만한 과학적 과정으로 진보해야 한다"고 주장했고, 사회학을 사회개혁 문제로부터 벗어난 인구에 관한 사회통계 연구, 방법론, 사회생리학에 관한 이론적 토론으로 바꾸고자 했다고 한다. 이런 정책의 변화는 임원진의 변화로 이어졌고, 학회지의 저자들 중 12퍼센트를 차지하던 여성들[5]과, 대학에 적을 두고 있지 않던 사람들(특히 여성들)이 주변화되기 시작했다고 한다. 당시에는 카메라를 연구 도구로 사용하는 것에 대한 회의가 있었는데, 그때까지는 화학 · 물리학 · 생리학에서 아직 카메라를 연구 도구로 사용하지 않았기 때문이고, 보다 중요한 이유로는 시각적 표현의 수단으로서 사진이 아직 잘 발달되어 있지 못했기 때문에, 그리고 사람들이 오늘날 우리가 카메라로 보듯이 보지 못했기 때문에. 결국 연구자들의 손에서 카메라는 사라졌고, 연구 보고의 기술은 오로지 펜과 종이로 한정되게 되었으며, 독자들은 그들의 마음의 눈으로 그 세팅을 그려보아야만 했다는 것이다.

화이페와 로(Fyfe & Law)는 《도화의 힘(*Picturing Power*)》(1988)의 서문에서 묘사(depiction), 도화(picturing), 그리고 보기(seeing)는 모든 인간이 그들에게 세계가 진실로 무엇인가를 알게 되는 과정에서 도처에 편재해 있는 특성이 되었고, 따라서 사회적 변화란 재현 체계에 있어서의 변화인데, 왜 사회학에서는 시각적인 것이 주변화되었는가라는 질문을 던지고 이를 사회학의 역사 속에서 검토하고 있다.

사회학의 역사를 검토하면서, 우선 시각적인 것이 사회학에서 주변화되었다 할지라도 전혀 부재한 것은 아니었다는 점을 지적하고 있다. 첫째로 사회학의 언어는 시각적 메타포들로 구성되어 있다는 것이다. 즉 구조(structure), 상부 구조(superstructure), 토대(base), 철창(iron cage), 네트워크, 구성 체계(framework), 조사(survey), 시각(perspective) 등등 즉각적으로 떠올릴 수 있는 많은 개념들이 시각적인 것들이고, 둘째로 교재에서나 연구 논문에서나 다이어그램을 설명의 모델로 발견할 수 있으며, 셋째로 20세기의 형성은 특히 시각적 측면을 가지고 있고, 근대화는 '눈'을 포함하고 있다는 것을 짐멜[6]이나 벨[7] 같은 일부의 사회학자들은 인식해왔다는 것이다. 그러나 이러한 예를 제외하고는 묘사(depiction)는 대부분의 사회학자들의 관심사도, 주요한 도구도 되지 못했으며, 사회적 상호작용의 수단으로서의 도화(picturing)의 역할에 관한 체계적인 인식이 없었다고 한다.

다른 많은 과학 분야들이 그림을 통해 수립되고 있는데, 사회학이 그 방법과 연구 주제 양자에 있어서 완고하게 구술을 고수하는 이유를 크게 세 가지로 보고 있다.

첫째, 대부분의 연구의 영역에서 요약화(summarisation) 기술의 정당성이 의문시되지 않기 때문이라는 것이다. 대상으로 간주하는 것은 항상 상대적으로 논란의 대상이 되지 않고, 그러한 대상의 특성들은 양화시킬 수 있으며, 그 생산물은 종종 테이블이나 그래프 등 시각적인 디스플레이로 나타나지만, 통계처리의 기술을 사용해서 단순화시킬 수 있다는 것이다. 사회학에서 중요한 연구 대상으로 취해지는 것들을 규정하고, 구별하고, 집계하기 위한 방법에 관한 일반적인 동의가 없었으며, 따라서 시각적인 것이 유의미하지 않다고 규정된 것은 학문분과 내에서의 패러다임 투쟁을 반영하는 것[8]일 것이라고 보고 있다.

둘째, 사회학이 그 특성상 해석학이기 때문에 시각적 증거에 상대적으로 무관심해졌다고 본다. 그러나 해석적 자료를 시각적으로 보여주는 것은 가능하다. 대부분의 민족지에서 사진이나 모형도를 사용하지 않는다는 것은 스스로를 무능하게 만드는 관습인데(인류학에서는 그렇지 않지만), 사회학에서의 증거 제시 관습은 너무도 말글 지향적이라서 스스로를 확신시키기 어렵게 만들고 있다는 것이다. 사회학적 논증의 이중적인 해석학적 성격이 시각화의 부족에 책임이 있지만, 그러나 더 큰 책임은 이론적 분열에 있다고 보고 있다. 사회학의 무게 중심이 철학적 차이들의 표현과 접합에 더 가까이 기울어 있기 때문이라는 것이다.

셋째, 터너(Turner)가《몸과 사회(*The Body and Society*)》(1984)에서 잘 분석하고 있듯이, 주류 고전사회학 이론으로부터 몸이 배제되었기 때문에 사회학에서 시각의 주변화가 일어났다는 것이다. 생물학과 심리학에 대한 적대적 입장에서 반환원주의적 양식으로 사회이론들이 성립된 결과인데, 뒤르켐의 '그 자체로서 실체를 이루는 것'(sui generis)으로서의 '사회적 사실'에 대한 탐구가 '몸 그 자체'(body per se)에 대한 무관심으로 직접 이어지지는 않았을지라도, 그 결과로 수십 년간 주류 사회학 이론에서 몸이 배제되었다는 것이다. 몸에 관한 관심이 보다 광범위한 사회이론의 관심과 재결합하게 된 것은 푸코의 저작과 더불어 시작된 것인데, 터너의 논의에 의하면, 사회이론으로부터 몸이 배제되자, '눈' 역시도 그렇게 되었다는 것이다. 지각과 재현에 관한 분석은 심리학, 생물학, 예술사, 또는 인류학 속으로 사라졌고, 따라서 대부분의 사회학자들은 지각과 재생산의 사회적 성격과 시각적인 것에 장님이 되었다고 본다.[9]

영상사회학의 부활과 학회의 건설

사회학자들이 카메라를 재발견하고, 사회 속에서의 이미지의 기능에 대한 관심이 다시 부활하게 된 것은 1960년대에 이르러서였다. 19세기 말에서 20세기 초의 *AJS*에 기고했던 사회개혁론자들이 사회적 문제를 사진으로 접근하고자 했던 바와 같이 1960년대에 전쟁·인종·계급·성과 같은 당시 대두하던 사회문제들에 관심을 갖고 있던 연구자들이 다시금 사진을 통한 접근을 시도하게 되었다.

많은 사회학자들이 조사 방법과 이론에 있어서 기존의 지배적인 패러다임을 거부하게 되었고, 갈등이론에 의거한 몇몇 조사 프로그램이 시행되었는데, 그것들 중의 일부가 사진을 포함하는 것들이었다. 1960년대를 사진으로 기록했던 사람들 전부가 사회학자는 물론 아니었다. 이들 중의 일부가 사회학 전공자였는데, 이들이 영상사회학을 만들게 되었다. 당시 사회과학 저널들 중에서 거의 유일하게 영상사회학의 가능성을 인식하고 있던《트랜스 액션 (*Trans-Action*)》(이후《소사이어티(Society)》로 개칭)이 '포토 에세이 (*Photo essays*)'를 싣기 시작했다.(Haper, 1988 : 59)

1970년대 중반부터는 사회 속의 이미지에 대한 관심을 가진 사회학자들이 많은 책들을 출판하였고[10], 매년 모임이 조직되었으며, 《비디오소시올로지(*Videosociology*)》[11]라는 저널이 1972년부터 1974년까지 발간되었다. 1974년부터는 미국사회학회(American Sociological Association)(이후 ASA)의 사회학 대회에서 매년 영상사회학 분과가 열리게 되었고, 나아가 지역별 사회학 대회와 세계 사회학 대회[12]에서도 영상사회학 분과가 열렸다.(Henny, 1986 : 3~4)

미국에서 1980년 ASA 내에서 영상사회학을 공식 분과로 만들려는 노력이 좌절된 이후, 이 집단은 1981년 국제영상사회학회 (International Visual Sociology Association)(이후 IVSA)라는 별도의 학회를 조직하게 되었다. 그렇게 된 데는 다음과 같은 이유가 있었다.

첫째, 핵심 그룹에게는 사진 전시, 필름, 비디오, 그리고 슬라이드 및 다른 종류의 시각적 디스플레이 등등 그들의 발표의 특성상 보통 학회와는 다른 형태가 필요하다는 것이 명확해졌다. 둘째, 영상사회학자들은 언제나 사회학자들만이 아니라, 인류학자, 영화 제작자, 다큐멘터리 작가, 영상 커뮤니케이션 학자, 문화 연구자 등 인접 분야의 다른 사람들과 같이 작업을 해왔고, 따라서 이들에게도 개방적인 학회가 필요했다는 점이다. 셋째로, 사회적 삶의 영상적 차원에 관심을 보인 사람들은 이미 학계에서 경력을 쌓은 사람들보다는 이제 아카데미 조직 속에서 지적 성장을 시작한 사람들이었다는 것이 처음부터 드러나기 시작했다. 따라서 많은 사람들이 소외되는 전국 수준의 대형 학회보다는 작은 학회가 필요했다는 것이다.(Harper, 1996 : 71~72)

미국에서 사회학자들이 조직을 결성하던 시기에 유럽에서도 영상사회학자들이 그들의 조직을 만들고 《유럽 영상사회학 소식지(*European Newsletter on Visual Sociology*)》를 1978년부터 발행하기 시작했다.

1982년 샌프란시스코에서 ASA 모임이 개최되었을 때 당시 회장은 영상사회학에 관심을 가지고 《인류학의 영상 커뮤니케이션 연구(*Studies in the Anthropology of Visual Communication*)》를 발행하고 있던 어빙 고프만(Erving Goffman)이었다. 그는 1982년 ASA 대회에 일련의 국제적 영상사회학 프로그램을 추가할 수 있게 했으며, 거기서 1983년 8월의 제1회 국제영상사회학회가 기획되었다.(Curry, 1984 : 17)

1983년 8월에 캐나다의 윈저 대학에서 제1회 국제영상사회학회가 열렸고, 유럽 학자들이 발간하던《유럽 영상사회학 소식지》와 미국의 IVSA에서 발간하던《계간 영상사회학(*Visual Sociology Quarterly*)》이 합병되어《국제영상사회학회지(*International Journal of Visual Sociology*)》가 탄생되었고(Curry, 1984 : 17), 이 새로운 저널은 IVSA에 의해서 지원받았다.[13](Henny, 1983 : 4) 1986년부터는《영상사회학(*Visual Sociology Review*)》이 IVSA의 공식 저널로 발간되기 시작하였고, 1991년 Vol.6, No.2부터는《영상사회학(*Visual Sociology*)》으로 개칭되어 오늘날까지 이어지고 있다.

2 영상사회학 영역의 변화와 확대

영상사회학의 주요 관심과 연구 주제는 1960년대에 영상사회학에 대한 관심이 부활된 이후, 연구 저작들이 나오기 시작한 1970년대부터 오늘날 1990년대 후반에 이르기까지 계속 확대, 변화되어왔다. 영상사회학에 관한 정의와 영역에 관한 논의를 하고 있는 주요 기존 연구를 시계열 순서로 검토해봄으로써, 영상사회학의 변화, 발전의 궤적을 살펴보고자 한다.

1970년대 영상사회학의 주요 관심과 영역

영상사회학은 인류학에서 발전되어온 영상민족지[14]와 대학 밖에 광범위하게 존재하고 있던 다큐멘터리 작업과 관련을 맺으며 발전해왔는데, 영상사회학이 미국에서 1960년대에 다시 시작될 때 영

루이스 하인(Lewis Hine) 작, 48인치의 여덟 살 소년 레오(Leo). 아동 노동 실태를 세상에 알린 루이스 하인의 이 작업은 아동노동금지법을 제정하는 데 큰 기여를 했다.

상사회학에 더 큰 영향을 미친 것은, 당시 제3세계에 관심을 집중하고 있던 영상인류학 운동보다는 사회학자들의 연구 주제라 할 수 있는 많은 사회적 문제들에 관해 작업을 하고 있던 다큐멘터리 작가들의 작업이었다.(Harper, 1994 : 403, 405)

사진과 사회학의 관계를 검토하며 영상사회학의 초석을 다진 하워드 베커(Howard Becker)의 논문인 〈사진과 사회학(*Photography and Sociology*)〉(1974)은 다큐멘터리 작업들이 영상사회학의 발전에 영향을 미치고 있던 당시 상황에서의 문제의식을 엿볼 수 있는 글이다. 베커는 이 논문에서 1839년에 같이 태어난 사진술과 사회학의 역할이 모두 사회 탐구에 있으며, 다큐멘터리 작가들과 사회학자들이 공통의 관심과 작업 주제를 가지고 있으므로, 양자가 상호 보완적인 관계를 맺을 수 있음을 강조하였다. 사회학자들에게는 조사 연구의 도구로서 카메라를 다시 활용할 것을, 다큐멘터리 작가들에게는 사회적 현상에 관한 작업에 있어서 사회학적 이론의 역할에 관한 이해를 가질 것을 제안하였다. 베커의 이러한 논의는 존 콜리어(John Collier)의 영상인류학 방법론 저작인 《영상인류학 : 조사방법론으로서의 사진촬영(Visual Anthropology : Photography as a Research Method)》(1967)과 더불어, 촬영을 통해 영상자료를 수집하는 조사 연구 방법으로서의 영상사회학의 발전에 초석을 마련했다.

1960~70년대에 미국에서 영상사회학을 구축하기 위한 모색의

도로테아 랑게(Dorothea Lange) 작, 거리 시위(Street Meeting), 샌 프란시스코, 캘리포니아. 거리 시위에 등장한 '반제국주의 투쟁'의 피켓들과 군중들 사이에 경찰이 완고한 모습으로 서 있는 이 사진은 국가권력의 통제력을 시각적으로 보여주고 있다.

로버트 프랭크(Robert Frank) 작, 마약 가게(Drug Store), 디트로이트. 마약 집단은 사회학의 일탈 연구의 주요 대상 가운데 하나다. 이 사진은 마치 음료수나 스넥을 파는 가게와 같은 모습의 마약 가게를 보여줌으로써, 마약이 은폐된 공간이 아니라 일상적인 공간에서 거래되고 소비되고 있음을 보여주고 있다.

성과를 압축적으로 보여주는 논문집인 《정보의 이미지 : 사회과학에서의 사진(*Images of Information : Still Photography in the Social Sciences*)》(1979)의 '서문―사진 속의 그리고 사진에 관한 정보'에서 편집자인 존 와그너(Jon Wagner)는 밀즈(C. Wright Mills)가 《사회학적 상상력》(1959)에서 '발견'의 맥락(context of 'discovery')과 '발표'의 맥락(context of 'presentation')으로 나누었던 유용한 구분을 70년대 후반의 사회과학적 실천 속에서는 '조사(research)'와 '교육(teaching)'으로 바꿔볼 수 있다고 하면서, 책의 구성이 크게 조사와 교육으로 나뉘어 있음을 설명하고 있다.(Wagner, ed., 1979 : 16)

조사/발견(Research/Discovery)을 논하면서, 그는 사회과학에는 적어도 다섯 가지의 촬영조사(photographic research) 양식이 있다고 보고, 기존의 연구들과 이 논문집에 실린 연구 논문들을 다음과 같이 분류하고 있다.(Wagner, ed., 1979 : 16~17)

1. 인터뷰 자극제로서의 사진(Photographs as Interview Stimuli)
: 다양한 현상에 관해 조사 응답자에게 인터뷰할 때 사진을 사용하는 방법.
2. 체계적 기록(Systematic Recording)
: 광범위한 사회현상을 기록하기 위해서 사회과학자가 스틸 사진 카메라나 영화 카메라를 사용하는 방법.
3. 사진의 내용 분석(Content Analysis of Naive Photographs)
: 모든 사진은 촬영자가 의도한 것만이 아니라 여러 가지 자료를 담고 있는데, 이를 연구자의 관심에 따라서 분석하는 방법.

4. 조사 대상자의 이미지 제작(Native Image-Making)

: 조사 대상자들의 시각에 접근할 수 있는 영상 제작 방법과 이에 대한 분석 방법

5. 서사적 영상이론(Narrative Visual Theory)

: 사회적 다큐멘터리 사진의 풍부한 전통에 입각하여 사회 조직에 대한 연구를 하는 데 적용하는 시각적 접근법.

와그너의 이러한 분류에 의하면, 1960~70년대 미국에서의 영상사회학 연구란 콜리어, 베커로부터 내려오는 영상 조사 방법론, 영상자료 분석 방법론에 대한 관심이었다고 볼 수 있으며, 이 시기에서부터 연구자의 시각과 더불어 이와는 분리된 연구 대상자(촬영 대상자)의 시각에 대한 관심이 있었고, 영상교육에도 관심을 기울여왔음을 알 수 있다.

1980년대 영상사회학의 주요 관심과 영역

1980년대 초반에는 국제영상사회학회를 조직하게 되었고, 영상사회학자들의 주요 연구작업이 이 학회에서 발표되고, 《국제영상사회학회지(International Journal of Visual Sociology)》에 수록되었기 때문에 이 시기의 주요 관심과 경향에 관해서는 《국제영상사회학회지》에 수록된 초기의 국제영상사회학회에 대한 보고들 및 논문들을 통해서 검토해보고자 한다.

제1회 국제영상사회학회가 열리기 직전에 나온 《국제영상사회학회지》의 Vol. 1(1983)은 국제영상사회학회에 발표될 논문들 중

일부를 크게 두 주제로, 즉 Part I : Visual Sociology and Still Pictures와 Part II : Visual Sociology and "Gender Advertisement" 로 나누어 수록하고 있다. Part I 에는 이미지와 사회적 실체 사이의 관계에 주의를 기울이며 스틸 사진을 촬영할 때 발생하는 커뮤니케이션 과정에서 촬영자와 대상자, 그리고 사진을 보는 사람 사이의 관계와 그 사회적 맥락 속에서의 가치, 동기, 문화적 견해에 관한 이론적 논의를 하고 있는 논문들[15]이 수록된 반면, Part II 에는 어빙 고프만이 '성 광고(Gender Advertisement)' 라고 명명한 주제를 다루고 있는 논문들[16]이 수록되어 있다.

《국제영상사회학회지》의 Vol. 2(1984)는 편집자인 레오나르드 헨니와 의장인 티모시 커리(Timothy Curry)가 쓴 제1회 국제영상사회학회에 관한 보고[17]를 싣고 있는데, 이를 통해 제1회 학회의 논의들을 살펴보면 다음과 같다. 상대적으로 동질적인 중심으로부터 출발한 사회학의 다른 영역에서와는 달리 영상사회학은 매우 이질적으로 사회학의 모든 영역의 전문가들이 모여 시작했는데, 그럼에도 불구하고 몇 가지 주요한 주제들로 그 논의들을 묶을 수 있다고 보고 있다.

1. 이론적 문제들 : 기호학과 예술이론 사이의 관계를 다룬 연구들[18]
2. 윤리적인 문제들 : 촬영자와 촬영 대상자 사이의 관계에 대한 오래된 문제들
3. 영상인류학 : 영상사회학과 영상인류학의 경계선을 다룬 연구들
4. 사회적 행동 : 영상사회학과 사회적 행동을 다룬 연구들[19]
5. 교육 : 대학 커리큘럼에 영상사회학을 도입하기 위한 전략과 관련된

논의들

6. 포토 에세이 : 사진과 필름 등의 이미지와 텍스트의 조합을 통해 사
회학적으로 적절한 정보를 소통하기 위한 시도들.

이 같은 관심들은 이후 1980년대 중반까지의 국제영상사회학회
의 발표 주제와 《국제영상사회학회지》에 수록된 논문들에도 이어
지고 있다.

이러한 활동들로 인해 영상사회학의 연구가 활성화되자, 사회학
계 내에서의 영상사회학의 위상 정립과 관련해서 '영상사회학이
란 무엇인가' 라는 영상사회학의 정의와 관련된 논의들도 활발해
졌다.

《현대 사회학(Current Sociology)》은 특집으로 '동향 보고서 : 영
상사회학의 이론과 실천' (1986년, 34(3))을 마련했다. 영상사회학
의 역사, 인접 학문 분야, 정의, 주요 작업과 논제 및 교육을 소개
하고 있는 이 특집호를 담당했던 《국제영상사회학회지》의 편집장
헨니는 바로 직전에 나온 《국제영상사회학회지》(1985년, 3(2))에
IVSA의 의장이자 이 저널의 객원 편집자였던 커리가 쓴 '편집자
서문 : 사회학과 촬영술' 에서의 논의(Curry, 1985 : 6)를 일부 인용
하면서, 이러한 논의가 자칫 영상사회학을 촬영과 관련된 것으로
한정지을 수 있다는 우려를 표명하며, 보다 확대된 견해를 가지고
있는 마이클 힐(Michael Hill)의 정의[20]를 소개하고 있다(Henny,
1986 : 46-48). 힐은 '영상사회학이란, 한편으로는 사회구조와, 다
른 한편으로는 시각적 이미지의 선택, 이해, 지각, 인식, 그리고
창조 사이의 반영적(reflexive) 관계를 탐구' 하는 분야라는 정의를

내림으로써 사회학자들과 시각예술 사이의 관계를 강조하고 있다. 이러한 정의에 입각해서 그는 연구 분야를 다음과 같이 다섯 개로 정리하고 있다.

1. 시야의 정의
- 시각과 보는 방법에 영향을 미치는 사회적 요인들에 관한 연구.
- 실재가 사회적으로 구성되는 데 있어서의 시각적 상징주의의 본성과 역할 및 제도적 조직에 관한 연구.
- 시각적 이미지의 분석을 통해서 밝혀질 수 있는 사회의 본성과 조직에 관한 연구.

2. 미디어 속의 사회적 이미지
- 사진, 텔레비전, 영화에 관한 연구.
- 엔터테인먼트, 정보 프로그램, 광고의 내용과 이미지에 관한 연구.
- 기업과 다른 제도들에 의한 미디어 이미지의 통제에 관한 연구.
- 미디어의 시각적 이미지가 사회 변화를 촉진하는가, 아니면 단지 변화를 모방하는가에 관한 연구.

3. 사회적 상호작용의 시각적 차원
- 비구어적 커뮤니케이션과 몸의 이미지에 관한 연구.
- 사회적 지위와 권력의 상징으로서의 복장과 패션에 관한 연구, 몸의 이미지가 예술적 방식 속에서 어떻게 사용되는가에 관한 연구.
- 전경(landscape)이 사회적 행동의 다양한 형식들을 만들어내는 것에 관한 연구.

4. 시각예술의 사회학

– 사회적 제도로서의 예술세계에 관한 연구와 아울러 공공 및 대중예술의 사회적 내용에 관한 연구.

– 예술 관객의 사회경제적 성격과 관람 이유에 관한 연구.

– 제도로서의 예술의 자율성과 다른 제도와의 연계성에 관한 연구.

– 시각 예술의 구별적 특성과 상징화에 관한 연구.

– 상징에 문화적으로 부착된 사회적 의미에 관한 연구.

5. 시각적 테크놀로지와 사회 조직

– 가족, 교육, 정치, 사업 등의 제도에 영향을 미친 시각적 테크놀로지(사진 · 영화 · 텔레비전 · 컬러 프린터 · 복사기 등등)의 중요한 발전 결과에 관한 연구.

– 개인사를 구성하는 데 있어서 가족 사진의 역할에 관한 연구.

– 주요 사회 제도들의 시각적 기술의 발전과 판매 및 사용에 대한 통제에 관한 연구.

– 사회에 관한 연구, 교육, 그리고 인간에 대한 이해를 증진시키는 데 있어서 무엇이 시각적 기술들을 가장 잘 사용하는 방법인지에 관한 연구.

힐의 정의를 소개한 이후, 헨니는 앞으로 다른 많은 정의들과 설명들이 이루어질 수 있고, 이루어질 것이라고 하며, 그러나 그러한 정의들이 학자들 사이의 의사소통에 필요한 수단이 되는 한편으로 그 효과를 무화시키거나 냉각시키게 될 수도 있을 것이라고 우려하고 있다. 일단 정의가 내려지면, 규정된 경계 밖으로 확대된 새로운 영역들을 개발하려고 하기보다는 활동을 그 안에 한정 시키도록 유도하는 경향이 있기 때문이다.(Henny, 1986 : 48)

1986년은 IVSA의 공식 저널인 《영상사회학》이 발간되기 시작함 으로써, IVSA의 공식 논의가 《국제영상사회학회지》로부터 《영상 사회학》으로 옮겨간 해다. 《영상사회학》의 편집장인 더글러스 하 퍼(Douglas Harper)는 유럽에서 편집 · 발행하던 《국제영상사회학 회지》의 편집장 헨니처럼 영상사회학에 대해 확대된 견해를 가지 고 있지는 않았던 것 같다. 하퍼는 《미국 사회학자(*The American Sociologist*)》에 기고한 논문 〈영상사회학 : 사회학적 상상력의 확장 (*Visual Sociology : Expanding Sociological Vision*)〉(1988)에서 영상사 회학의 주요 분야를 '영상방법(visual methods)' 과 '영상연구(visual study)' 로 나누어보고, '영상방법' 은 특정한 조사 과제와 중범위 이론을 가지고 사회현상을 묘사하고 설명하기 위하여 촬영을 통해 자료를 수집하는 조사 연구 방법으로, '영상연구' 는 기호학이나 다른 시각적 커뮤니케이션 체계에 관한 탐구를 하면서 광고, 신 문, 잡지, 가족 앨범 등 문화에 의해 생산된 사진들을 분석하는 연 구 분야로 설명하고(Harper, 1988 : 55), 자신의 주된 관심사인 영 상방법을 다음과 같이 네 가지로 분류하여 소개하고 있다.(Harper, 1988 : 60~67)

1. 과학적 양식 : 관찰 가능한 현상에 대한 경험 조사에 촬영을 통해서 자료를 수집하는 것.[21]
2. 서사적 양식 : 사회적 삶을 사회적 상호작용으로 구성된 과정으로 보 여주는 영상서사를 구축하는 양식.[22]

3. 반영적(Reflexive) 양식 : 의미의 정의를 내리는 권위가 연구자에게
   있는 과학적·서사적 양식들과는 달리 연구 대상자가 의미를 정의
   하는 데 참여하는 방식이다. 연구자나 연구 대상자가 그 환경을 촬
   영한 사진을 가지고 연구 대상자를 인터뷰하여 그 이미지에 대해 연
   구 대상자가 가지고 의미를 알아내어 정의를 내리는 '사진 유도법
   (photo elicitation)' 같은 방법.[23]
4. 현상학적 양식 : 롤랑 바르트가 구분한 사진의 두 속성인 스투디움
   (Studium)과 푼크툼(Punctum),[24] 그 두 가지로서의 역할을 동시에
   하는 사진에 대한 분석 방법. 개인적 의미를 가지고 있는 사진에 대
   한 분석을 통해서 자기 자신의 고유한 지식을 유도해내는 접근법.[25]

여기서 하퍼가 제시하고 있는 이러한 영상사회학에 대한 정의는
조사방법론으로서의 영상방법론에 중점을 두고 있던 콜리어(1967,
1986)와 와그너(1979)의 논의의 연장선상에 서 있는 것이라고 볼
수 있을 것이다. 나아가 하퍼는 영상사회학이 본래 질적 사회학의
하위 분야라고 규정하고 있다(Harper, 1994 : 403). 그의 영상사회
학에 관한 논의가 사회학의 시야는 확대시켰겠지만, 영상사회학의
시야는 이전의 헨니의 논의에서보다는 훨씬 협소하게 정의하고 있
다고 하겠다.

1990년대 영상사회학의 주요 관심과 영역

1996년 여름 이탈리아 볼로냐 대학에서 개최된 학회에서 발표
되었던 논문들을 특집으로 수록하고 있는 《영상사회학(*Visual*

Sociology)》Vol. 11, No. 2에 IVSA의 회장인 존 그래디(John Grady)는 그간의 논의들을 바탕으로 영상사회학의 영역을 재검토하는 논문인 〈영상사회학의 영역(*The Scope of Visual Sociology*)〉를 기고하였다. 이 글에서 그는 영상사회학이란 사회과학적 조사에 촬영을 활용하는 것으로 자주 정의되곤 하는데, 이는 영상사회학이 어떻게 시작되었는지, 그리고 많은 영상사회학자들이 무엇을 해왔는지를 말해주는 것이기는 하지만, 오늘날 영상사회학은 단지 특별한 기술과 새로운 유형의 자료를 창출하는 데 그것을 적용하는 것 이상의 많은 것을 포괄하고 있다고 주장한다.(Grady, 1996 : 10)

그는 콜리어, 와그너, 그리고 하퍼의 논의들이 사진 촬영술과 촬영된 이미지에 국한되어 있는데, 영상사회학자들이 그들의 기본적인 자료의 원천이 이미지라는 생각을 공유한다면, 프레스코 벽화, 그림, 도안, 석판인쇄, 만화, 만화영화나 새로운 테크놀로지의 발전에 따라 등장한 3차원적 컴퓨터 화상 등을 다루지 않을 이유가 없다고 주장한다.(Grady, 1996 : 10, 12)

그는 미국의 실용주의[26]적 전통 속에서 영상사회학을 규정하고자 하는데, 이 시각에서 보면 영상사회학의 '작업적 지식(working knowledge)'은 모든 영상사회학자들이 공통적으로 가지고 있는 것, 즉 **사회를 연구하는 데 이미지를 사용한다**(강조는 필자)는 것이며, 시각적으로 인지할 수 있고, 지적으로 이해 가능한 것이 드러나 있지 않으면, 더 이상 영상사회학이란 상상할 수도 없다고 한다. 따라서 시각적 이미지, 또는 도상(icon)은 어떠한 종류의 분석에도 필수 불가결한 기능적 전제라는 것이다.(Grady, 1996 : 13)

이러한 도상의 중심성으로부터 영상사회학의 연구 영역을 크게 세 가지로 나누어보고 있다. 우선 도상의 존재는 그것이 보여진다는 것을 전제하고 있는데, 이에 따라 사회 조직과 문화적 의미를 구성하는 데 있어서 시각의 역할을 연구하는 영역(seeing)이 그 하나이다. 그리고 도상은 그 정보를 이해할 수 있는 커뮤니티 내에서 정보를 소통시키기 위해서 만들어지므로 도상의 존재는 그 시각적 소통이 사회적으로 조직된다는 것을 전제하고 있다. 이를 연구하는 것이 두 번째 영역(communicating with icons)이다. 세 번째로 도상의 속성은 다른 것을 배제한 확정적인 것을 제공하고 이용할 수 있게 해주기 때문에 영상사회학은 그 한정 속에서 어떻게 이미지의 생산과 해독의 테크닉이 사회 조직, 문화적 의미, 그리고 심리학적 과정을 경험적으로 조사 연구하는 데 사용될 수 있는가를 연구할 수 있다. 이 영역(doing sociology visually)에는 분석 과정에서 절대적으로 중요한 역할을 하는 표상을 만드는 카메라와 다른 테크놀로지에 대한 관심과 테크닉, 방법론 등이 포함된다.(Grady, 1996 : 14)

'보기(seeing)' 란 존재의 한 차원으로서 자연적이고 보편적인 인간적 과정이고, '도상으로 소통하기(communicating with icons)' 란 특정 시·공간 속에 위치지워지고 문화적으로 분절된 다소 의도된 과정으로 고도로 특수화되고 초점지워진 '보기' 이고, '사회학 연구를 시각적으로 하기(doing sociology visually)' 란 사회과학자들이 분석적 목적에서 시각적 이미지를 사용하는 '도상으로 소통하기(communicating with icons)'의 한 제한된 형태라고 본다. 이 관계를 도식화하여 다음과 같이 제시하고 있다.(Grady, 1996 : 14)

이를 기존의 연구 성과들을 중심으로 더 구체적으로 세분하여 다음과 같이 설명하고 있다.(Grady, 1996 : 16~21)

(1) '보기(seeing)' : 시각 및 조형예술사와 비평·심리학·신경학 등 여러 다른 학문 분야에서 인간의 지각과 인지 과정에서의 시각의 역할을 이해하는 데 기여해온 바에 관심을 가지며, 통제된 실험 디자인에 의거해왔던 기존의 행태주의자들과 인지과학자들의 작업이 가지고 있는 한계를 지적하며, 인간의 경험에 영향을 미치는 것으로서의 사회적 제도들과 다양한 문화적 배치의 역할을 중요하게 평가하는 시각적 지

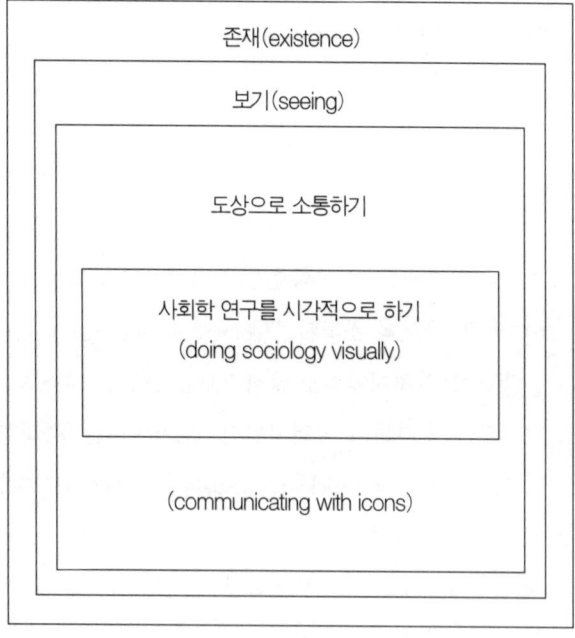

각과 인지에 관한 연구들.[27]

(2) '도상으로 소통하기(communicating with icons)' : 일상생활에서 정보를 소통하고 사회적 관계를 관리하기 위해서 이미지들을 임의적이고 계획적으로 구성하는 것에 관한 연구인데 3차원으로 나누어 1. imagining, 2. creating 3. mythologizing으로 보고 있다.

　1. imagining : 꿈의 세계와 더불어 몽상과 판타지를 경험하는 일종의 의식의 그늘진 세계에 관한 연구.[28] 자아가 그 자신과 행하는 커뮤니케이션 산물로서의 이미지화 과정의 '내적 사회세계'에 관한 연구.[29]

　2. creating : 시각적 이미지와 테크놀로지가 일반 주민의 일상생활의 표현 유형에 적극적으로 맞춰지는 과정들에 관한 연구.[30]

　3. mythologizing : 제도적으로 조직된 커뮤니케이션 과정에 관한 연구. 광고[31], 영화, 텔레비전 산업[32]과 특수한 예술세계에 관한 연구들로 영상사회학의 풍부한 영역이며, 경제적-정치적 고려가 커뮤니케이션을 하는 데 영향을 미치는 방식과 더불어 관객이 그 과정에 참여하는 방식에 관한 연구.[33] 예술의 산업적 과정과 작업방식으로서의 커뮤니케이션과 그 생산물에 초점을 맞춘 연구.[34]

(3) '사회학 연구를 시각적으로 하기(doing sociology visually)' : 1. imagining, 2. creating, 3. mythologizing의 3차원으로 나누고, 또 이를 각각 두 분야로 분류하고 있다.

1. imagining

i) visualizing : 시각적 논리와 미학에 보다 관심을 기울이며, 개
   념을 창조하거나 제시하기 위해서, 개념간의 논리적 관계를
   정립하기 위해서, 정보를 조직하기 위해서 지도, 그래프, 표,
   차트, 그리고 모델과 같은 시각적 산물들을 만드는 것과 이에
   대한 연구.[35]

ii) researching : 행동 분석을 위한 자료로서 사진 및 필름으로
   이미지들을 제작하거나 기존의 이미지들을 사용하는 연구.[36]
   와그너의 분류 중 '체계적 기록', 하퍼의 분류 중 '과학적 양
   식'에 해당하는 것. 하퍼가 반영적 양식으로 분류한 사진유
   도법(photo elicitation)을 사용한 연구[37]도 이에 포함됨. 자연
   적 상황 및 실험적 상황에서 생산된 시각적 이미지들을 분석
   하기 위해 적절한 프로토콜을 발전시키기 위해서 인류학자,
   심리학자와의 간학문적 작업이 절대적으로 필요한 분야.

2. creating

i) producing : 행위의 실제적 목적과 의미에 관한 메시지를 소
   통하기 위해 시각적 이미지들을 촬영하고 편집하는 작업. 다
   큐멘터리 필름들[38]과 포토저널리즘, 스틸 사진 이미지를 사용
   한 영상 에세이[39]와 같은 것.

ii) teaching : 조사 과정을 위한 아이디어의 원천으로서만이 아
   니라 아이디어를 개발하고 연구 결과를 검토하는 방식으로서
   내재된 창조성을 가지고 있는 교육. 이 교육 과정 개발을 위
   한 작업.[40]

3. mythologizing

i) interpreting : 어떤 활동의 부산물로 생산된 이미지들의 상징적 의미를 해석하는 작업. 자아 이미지, 이데올로기, 그리고 문화적 스타일을 연구하기 위해 사용되는 가족 스냅 사진, 연감, 가족 비디오, 광고, 비석, 초상화, 엽서 등등의 내용을 분석하는 작업.[41]

ii) explicating : 사회세계의 경험을 재구성하는 픽션과 논픽션 필름, 나아가 만화나 만화영화와 삽화나 사진을 넣은 스토리 등을 포함한 스토리를 이야기하기 위해 제작된 기존의 이미지들의 상징적 의미들을 확정하고 설명하는 문화비평 작업.[42]

그래디의 논의의 기반인 미국의 실용주의적 전통에 관해서는 이론의 여지가 많을 것이다. 이탈리아 볼로냐 대학의 영상사회학연구소(Visual Sociology Lab)의 경우 에코(Eco)의 기호학과 베버(Weber)의 이해사회학의 전통 속에서 영상사회학을 발전시키고 있으며, 최근 활발히 전개되고 있는 포스트모던 논의 속에서 이론적 기반을 찾고 있는 영상사회학자들도 있기 때문에 영상사회학의 이론적·철학적 배경에 관한 논의는 앞으로도 더욱 활발히 이루어지리라 볼 수 있을 것이다. 그러나 그래디의 영상사회학의 영역에 관한 논의는 그간의 여러 영상사회학자들의 연구의 궤적들을 정리하여 보여주고 있다는 점에서 기존의 영상사회학에 관한 어떠한 영역 정의보다도 포괄적이고 확대된 것이며, 향후의 논의의 새로운 기반이 될 것이라고 볼 수 있을 것이다.

3 한국의 영상사회학

한국에서 영상사회학이 대학 강좌로 시작된 것은 1994년부터이고, 연구 성과들이 나오기 시작한 것은 1990년대 후반부터이다. 영상사회학 강좌는 1994년 2학기에 서울대 사회학과에서 김진균 교수가 사회학 특강이라는 강좌 이름으로 영상사회학 강의를 시도하면서 시작되었다.[43]

이 강좌는 한국 자본주의 사회 이해를 위해 주요 연구 논문과 그와 연관된 주제를 다룬 영상 다큐멘터리를 함께 분석, 평가하고 제작하는 과정을 통해서, 수강생들에게 연구 주제에 대한 심화된 인식을 갖게 하는 것을 목표로 했다. 사회학 연구에 있어서 영상 방법의 적용이라는 새로운 실험을 하고자 한 이 강좌에서 다룬 주제는 도시빈민, 노동, 농민 건강과 보건 의료, 여성 등으로, 기존의 사회학의 해당 주제의 연구 논문과 더불어 한국의 독립 다큐멘터리 운동의 성과로 제작된 동일 주제의 다큐멘터리들을 같이 상영하였다.[44] 그리고 특정 주제에 대한 문헌 연구와 영상 제작이 가지고 있는 방법론적 특성과 장단점을 비교 분석하게 하였다. 학기말 과제로 학생들에게 연구 주제를 잡고, 그 연구를 문헌과 영상 두 가지 방법 모두를 활용하여 수행하도록 하였다.[45] 첫 해의 강좌에 대한 평가 속에서 1995년 2학기부터는 제작 워크숍을 강좌의 코스로 추가하였고, 수강생 전원이 학기 중에 MT를 가서 5분 이내의 다큐멘터리를 제작하는 워크숍에 참여하도록 하였다. 이 워크숍을 통해서 촬영·편집·음향 등의 기본적인 훈련을 할 수 있도록 함으로써 기말의 영상 다큐멘터리 제작 과제의 완성도를 높일 수 있었다.

1996년도부터는 영상매체와 영상문화, 다큐멘터리 이론, 국제 영상사회학에 대한 개관과 이해를 높이는 내용으로 강좌를 전면 개편하였다. 1997년부터는 중간 과제는 영상분석 연구로, 기말 과제는 영상제작 연구로 나누고, 중간 과제인 영상분석 연구는 '가족사진을 통해서 분석하는 가족 생애사' 연구로 지정 과제를 주었다.[46] 그간의 강좌 개발 성과를 토대로 하여 1999년부터는 강좌명을 영상사회학으로 전환하여 진행하고 있다. 2000년에는 가톨릭 대학교에 영상사회학 강좌가 개설되는 등 다른 대학의 사회학과로 강좌 개설이 서서히 확산되고 있고, 또한 한국예술종합학교 영상원의 대학원 과정에도 영상사회학이 개설됨으로써 사회학과 영상학 사이의 상호작용이 기대되고 있다.

연구 성과들로는 김현숙과 김수진의 모성과 관련된 한국 영화에 대한 분석 연구(1997), 김현숙(1998)의 영상사회학의 영역과 발전

1960년대 말 부천과 1970년대 초 서울의 모습. 이하 사진들은 1997년 2학기 서울대 영상사회학 강의의 중간과제인 '가족사진을 통해서 본 가족 생애사의 분석'이라는 과제물로 학생들이 발표하고 제출한 과제물 중에서 나온 사진들이다.

위 사진은 전기공학과 황규만이 자기 가족의 형성사를 분석한 과제 중에서 나온 아버지 사진이고, 아래 사진은 사회학과 은수미가 어머니의 생애사를 분석한 과제 중에서 나온 사진이다. 이 사진들은 1960, 70년대에 가전제품이 얼마나 중요한 자산이었는지를 보여준다. 창문과 벽장문을 배경으로 각기 라디오와 텔레비전을 안고 찍었다. 카메라의 프레임 속에 있는 또 다른 프레임인 문틀이 흥미로운 구조를 만들고 있다.

1970년대 말 서울과 1980년 겨울 부산의 모습. 언론정보학과 김지은이 자신의 가족 앨범 속에서 오빠와 자기의 사진들을 찾아서, 어떻게 어린 시절부터 성별 사회화가 이뤄지고 있는지를 분석한 과제 중에서 나온 사진들이다. 이 학생은 위 사진에서 오빠는 장총을 들었고, 자신은 다른 사진에서처럼 '여자 색깔'인 빨간색 구두를 신고 멍한 표정을 지었다고 설명했다. 이처럼 오빠는 공, 자전거, 방망이, 총을 들고 있는 사진이 많은 반면, 자신은 화단 옆에 앉아 있거나, 인형을 들고 있는 사진뿐이라고 분석했다. 아래 사진은 부산으로 이사간 후 유치원 시절에 이웃집 친구들과 남매가 함께 찍은 사진인데, 여기서도 여자 애들은 인형을, 남자인 오빠는 권총을 들고 있는 모습이 대조적이다.

1960년대 경북 성주군, 1960년대 장소 불명, 1973년 대구, 1973년 대구(시계 방향으로). 생물학과 노수경이 1930~1997년 사이의 가족 사진을 분석한 중간과제물 중에서 나온 결혼식 사진들이다. 경북 성주군 출신의 한 가족의 결혼식 사진들을 통해서 중요한 통과의례인 결혼식의 유형 변화를 살펴볼 수 있다. 거의 같은 시기에 치러진 결혼식도 장손은 전통 혼례로, 큰딸(노수경의 큰고모)은 신식이라는 서구식으로 결혼식을 했다. 1973년 대구 결혼식장에서 했던 부모의 결혼식은 신랑신부 사진과 더불어 단체 사진도 있는데, 단체 사진은 흑백으로, 신랑 신부 사진은 컬러로 찍은 것이 흥미롭다. 컬러 사진이 처음 도입되던 시기여서 아직 컬러가 귀했기 때문인 것으로 보인다. 물론 컬러 사진의 도입에는 서울과 다른 지방 도시 사이에 시간적 차이가 있다고 할 수 있다. 단체 사진의 경우, 양가의 여성들은 앞에, 남성들은 뒤에 줄지어 서 있는 모습은 이 시기에 나타나는 한 특성이다.

2000년 2학기 가톨릭대 사회학과 영상사회학 강의의 조별 기말과제 중에서 나온 사진이다. 사회학과 4학년 여학생들로 구성된 조가 IMF 이후 노숙자와 더불어 급격히 증가한 노점상의 실태를 분석했다.

에 관한 연구, 주은우(1998)의 현대성의 시각 체제에 관한 연구, 김수진(2000)의 영화를 통해 역사 쓰기의 성별성을 고찰한 연구 등이 나오기 시작했다.

맺음말

영상사회학은 100년의 긴 역사를 가지고 있으면서도 학계 내에서의 주변화와 오랫동안의 단절로 인해 아직 성숙하지 못한, 이제 발전하기 시작한 분야라고 할 수 있다. 한국 사회학계에 영상사회학이 소개되기 시작한 것 역시 최근의 일이다.

이제 시각화 기술의 눈부신 발전 속에서 문자 이전부터 인간들이 발전시켜온 이미지를 통한 사유 체계와 소통 방식도 역시 인쇄술의 발전에 힘입어 성장했던 문자문화의 그것들처럼 발전할 수 있게 되었다. 문명적 전환이 가능해진 이러한 상황에서 사회를 연구하는 사회학 역시 인식론적 · 방법론적 전환 및 연구영역 확장을 위한 노력이 필요하다. 구텐베르크적 신드롬 속에서 스스로를 무능하게 해왔던 기존 사회학의 발전에 영상사회학은 어떤 기여를 할 수 있을 것인가?

연구영역 밖의 것으로 도외시해왔던 이미지의 영역을 사회학의 연구영역 내로 끌어들일 수 있을 것이며, 문자문화 속에서 성장해온 사고 체계와 요약화의 방법론으로부터 더 나아가 그것이 가지고 있는 가능성과 한계를 반성해보는 발판을 마련할 수 있을 것이고, 이미지 정보의 분석과 생산을 통해 질적 방법론을 발전시킴으로써 사회학의 인식론적 지평을 확대시키고, 사회학적 상상력을 시각적으로 확대시켜줄 것이라고 기대해볼 수 있을 것이다.

그렇다면 그것은 어떤 과정을 통해서 가능할 것인가? 시각적 인지에 대한 인식론적 성찰과 이론적 개발을 꾀해야 할 것이며, 이에 기반하여 사회학의 각 분야의 기존 이론들과의 관계 속에서 방법론 개발을 추진해야 할 것이다. 시각화의 특성상 거시이론의 영역에서보다는 미시이론과 중범위이론 영역의 조사 연구 방법의 개발과 더불어 발전할 수 있을 것이다.

또한 이러한 작업의 성과는 기존 사회학 내에서의 노력들과 사회학 밖에서의 노력들을 발전적으로 결합시켜나가야만 풍부해질 수 있을 것이다. 영상문화의 급속한 발전으로 인해서 사회학은 물론 인류학 · 심리학 · 지리학 · 역사학 · 문학 등등에 이르기까지 여러 학문분과 내에서 기존 연구들을 검토하면서, 자기 학문 분야 내의 시각적 요소에 대한 성찰과 영상적 전통을 수립하고자 애쓰고 있다. 한국 사회에서도 역시 지난 2~3년 사이에 문학 · 역사학 · 미학 등의 분야에서 하위분과 학회로 영상관련 학회가 연속적으로 창립되고 있다. 각 분야에서의 이러한 모색은 간학문적 접근을 통해서 이루어지고 있다.

사회학은 매우 실천적인 학문이므로 인접 학문 분야와의 간학문적 접근만이 아니라 아카데미의 경계 밖에서 제작하고 있는 영상 작가들과의 적극적인 교류 역시 활발히 추진할 필요가 있다. 앞에서 살펴본 바와 같이 미국과 유럽에서 영상사회학은 그 출발에서부터 매우 실천적인 관심을 가지고 있었으며, 여러 인접 분야와의 활발한 교류 속에서 지속적으로 변화, 발전해왔다. 한국에서도 영상사회학자들이 공통의 관심을 가지고 있는 인접 학문 분야 및 아카데미의 경계 밖에서 제작을 하고 있는 작가들과 적극적으로 교류함으로써 보다 풍부하고 진지한 논의를 전개시킬 수 있고, 기존 사회학의 발전에 기여할 수 있을 것이다.

【영상인류학】 **4**

역사학과 민족지 영화

이문웅

영상인류학은 여러 인문학 분야 중 영상과 관련하여 가장 오랜 학문적 전통을 갖고 있다. 그리고 인류학은 지금도 어떤 분야보다 활발히 영상과 결합된 연구방법론을 추구하고 있다. 따라서 영상인류학에 대한 검토는 다른 인문학 분야에서도 반드시 참고해야 할 영역이라고 생각한다. 필자는 대학에서 오랫동안 이미 영상인류학 수업을 진행해왔으며, 관련 서적을 번역하여 국내에 소개하기도 하였다. 필자는 이러한 연구의 축적을 바탕으로 본 글에서 해외의 영상인류학에 대한 소개는 물론, 국내에서 진행되어온 영상인류학의 현황과 과제를 제시해주고 있다.

인류학은 문자 그대로 '인류에 관한 과학적인 연구' 분야이다. 인류 또는 인간의 어떤 측면을 고려하느냐에 따라서 인류학은 크게는 체질인류학과 문화인류학으로 나누어진다. 체질인류학은 인간의 유기체 또는 신체 그 자체에 초점을 맞추어서 인류의 기원 및 진화 과정을 따지거나 각종 인종집단의 체질적인 다양성을 다룬다. 다른 한편 인간의 신체 외적인 측면, 즉 인간이 어떻게 생각하고 행동하는지의 '생활양식(way of life)'을 다루는 좁은 의미에서의 인류학을 문화인류학(또는 사회인류학)이라고 부른다. 체질인류학이 초기 인류의 기원에서부터 현생 인류에 이르기까지의 인류의 체질적인 측면을 다루는 데 비하여, 문화인류학은 초기 인류에서부터 현재까지의 인류의 생활양식, 즉 문화의 흐름 및 사회문화현상을 다루고 있다.

이와 같이 인류학의 연구 주제는 그 범위가 사실상 시간과 공간상 아무런 제한이 없을 정도로 넓다. 또한 인류학은 인간 및 인간 생활의 다양한 측면을 다루기 때문에 자료 수집은 그 자체가 인류학적인 연구의 관건이라고 해도 과언이 아니다. 그 자료라는 것이 인간 사회의 것이고, 또한 사람들이 어떻게 생각하고 행동하는지에 관한 것이기에 조사 대상의 사회에 직접 들어가서 참여조사를 하는 '현지조사(fieldwork)'가 인류학적인 조사 연구의 대명사가 될 정도로 인식되고 있다. 인류학 연구의 이런 성격으로 인하여, 연구자의 직접적인 관찰에 의한 정보 수집의 범위를 훨씬 능가할 정도로 정보를 정확히 기록하고, 이를 언제라도 재현할 수 있는 영상기록 방법의 도입은 인류학의 지평을 확대시키는 데 획기적으로 기여하였다.

전통적인 인류학 연구에서는 인류학자가 현지조사에서 실제로 보고 들은 바를 기록해온 현지조사 노트(fieldnote)에 주로 의거하였지만, 영상기기의 발달로 이제는 인류학자들도 현지조사에서 편리하고도 안전한 방식으로 마치 조사 대상 사회의 사회생활 현장을 그대로 연구실로 옮겨다놓았다고 할 수 있을 정도로 각종 자료를 담아올 수 있게 되었다. 이렇게 영상적인 수단을 활용해서 행하는 인류학 연구를 '영상인류학(visual anthropology)'이라고 한다. 여기서 영상적인 수단이라는 것은 사진이나 영화, 애니메이션, 만화 등을 포함한다.

이 중에서 가장 오래 전부터 인류학자들이 현지 조사에서 사용해온 것이 사진이다. 인류학의 발달 초기부터 현지 조사자들은 효과적인 자료수집을 위한 도구로 사진기를 널리 활용해왔다. 사진

1930년대의 장터의 모습(현재의 울산광역시 중심가). 일본의 민속학자 아키바 타카시가 남긴 유리원판사진 특별전 〈삶자취 사진전〉(서울대학교 박물관, 2002년)에 전시된 사진이다.

기는 현지 조사자들이 직접 눈으로 포착할 수 없는 부분들까지 엄청난 양의 정보를 담을 수 있다는 점에서 현지 조사에 임하는 인류학자들이 지참하는 필수적인 장비 중의 하나였다.

　비록 한 장의 스틸 사진은 극히 짧은 한순간의 현실을 있는 그대로 기록한 것이지만 그 속에는 실로 헤아릴 수도 없을 만큼 많은 양의 민족지적인 자료를 담고 있다는 점에서 귀중한 연구 자원이 될 수 있다(여기에 옮겨놓은 사진 두 장은 사진이 전해주는 생생한 삶의 현장이 어떤 모습인지를 실감나게 말해주고 있다). 이는 다른 자료 수집의 수단에 의해서 이미 파악된 것을 뒷받침하든가, 또는 그 구체적인 실물을 보여주는 일뿐만이 아니라, 인간과 문화의 더 많은 다른 측면들에 대한 더욱 심층적인 연구의 길을 열어주기도 한다는 점에서 현지 조사에 임하는 인류학자들의 필수적인 기자재 항

서울 청계천변의 판자촌.(1961년 8월 1일 촬영 ; 정부 기록사진 ; http://www.allim.go.
kr/)

목에 포함되어왔다. 스틸 사진을 활용한 영상인류학의 지침서를
쓸 정도로 사진자료에 애착을 보인 인류학자 콜리어의 작업은 문
화 연구에서 사진자료의 중요성을 잘 말해주고 있다.(Collier,
1967)

그러나 현재 영상인류학에 활용되고 있는 매체 중에서 가장 중
요하고도 효과적인 것은 아마도 활동사진, 즉 영화라고 할 수 있
다. 정확한 기록성뿐만 아니라 인간 행위자들의 정서적 · 감정적 ·
심리적인 측면까지도 함께 기록해둘 수 있는 영화는 인간의 사회
문화 현상을 대상으로 하는 인류학 연구에 새로운 지평을 열어주
었다.

인류학자들이 현지 조사의 결과로 사람들이 살아가는 모습을 그
대로 기술해놓은 것을 '민족지(ethnography)'라고 한다. 이것은 인
류학 연구의 기초 자료가 된다. 20세기 중반까지만 해도 영화는

예술 및 상업적인 영역에만 머물러 있었다. 영화에 의한 영상적인 기록이 효과적이기는 하지만, 촬영 및 편집 장비가 도저히 현지 조사에 임하는 인류학자들이 넘볼 수 없는 고가의 장비인지라 연구 조사에 활용되는 사례는 극히 드물었다. 70, 80년대를 거치면서 영상기기 제조 기술의 획기적인 발달과 함께, 특히 비디오카메라가 저렴한 가격대로 널리 보급되면서 이제는 인류학자들의 현지 조사에도 활발히 사용되고 있다. 이런 기술적인 발전에 힘입어 이제는 인류학자들이 현지 조사 과정에서 직접 촬영한 영상자료를 편집하여 인류학적인 다큐멘터리로 제작하는 경향이 점차 늘어나고 있는 실정이다. 이와 같이 현지 조사에 의거해서 해당 사회의 생활양식의 생생한 현장을 영상적으로 기록한 것을 '민족지 영화(ethnographic film)'라고 한다. 다른 어떤 자료수집 방법과도 비교가 되지 않을 정도로 강력하고도 효과적인 기록성과 재현성으로 인하여 민족지 영화는 이제 영상인류학의 가장 중요한 영역으로 굳어졌다. 이로서 영상인류학과 민족지 영화는 이제 거의 동의어로 사용되기도 한다.

사진과 민족지 영화에 비하면, 애니메이션과 만화는 영상인류학에서 거의 무시될 정도로 극히 드문 편이다. 이 두 가지는 그 성격상 자료수집의 과정에서는 전혀 이용되지 않지만, 단지 자료를 분석하고 이를 기초로 사회문화 현상을 설명하는 과정에서 이해를 돕기 위한 모델을 제시한다든가, 보조적인 설명 수단으로 이용될 만한 가치는 충분히 있는 분야인 것 같다. 그러나 다른 한편으로 본다면, 오늘날과 같은 멀티미디어 시대에 애니메이션과 만화는 민족지적인 자료를 충실히 담아 문화현상의 이해를 돕는 영상 소프트로서의 가능성이 아주 큰, 그리고 창의적인 문화 산업으로 개발될 수 있는 전망이 좋은 분야라고 평가되고 있다. 다만 애니메이션의 경우에는 소요되는 제작비가 엄청나므로 '민족지적인 애니메이션'이라고 부를 만한 대표적인 작품을 손꼽기는 어렵다. 다만 애니메이션 중에서 '민족지성(ethnographicness)'을 비교적 잘 살리고 있는 작품이 더러 제작되었다.

만화의 경우에는 사정이 좀 다른 것 같다. 비교적 적은 비용으로도 가능하기에 '민족지성'을 살린 만화는 학문 세계의 바깥에서 만화 애호가들의 사랑을 받고 있다. 우리나라에서는 인류학계에서 주목하지도 않은 사이에 만화가들 개인의 생활 경험을 담은 '민족지성'이 풍부한 만화들이 등장하고 있어서, 사회문화 현상의 기록이라는 측면에서뿐만 아니라 한국 문화의 한 단면을 담아내고 있다는 점에서 주목할 만한 작업이라고 판단된다. 《건빵 한 봉지》시리즈(이환주의 글과 그림), 《검정 고무신》시리즈(도래미의 글과 이우영의 그림), 그리고 단행본 《우리 아빠 어렸을 적에》(서영수의 글과 그림)는 '민족지 만화'로 불러도 손색이 없을 만한 작품들이다.

1 역사학과 인류학의 교집합 영역

우리의 학문 풍토에서는 개별 학문(discipline) 간의 벽이 비교적 두텁다. 각 학문 분야가 다른 분야의 접근 방식, 이론, 축적된 연구 결과를 이해하려는 노력이 비교적 인색하다. 인접 학문 분야들을 이해하려는 노력은 자기 분야의 지평을 넓히는 데 크게 도움을 줄 수 있다고 필자는 믿고 있다.

인류학과 역사학은 어떤 영역에서 관심사를 같이하고 있을까? 인류학과 역사학이 모두 인간의 삶과 인간 행위의 결과에 대해서 관심을 가지고 있고, 이것에 대해서 설득력 있는 설명을 얻어내려고 노력하고 있다. 인간과 인간 행위의 결과에 대한 이해를 목표로 삼고 있다는 데는 두 학문 분야가 아무런 차이가 없다.

사실 인류학은 그 출발에서부터 인간과 인간 사회의 역사적인 변화에 대한 관심이 주도적이었다. 타일러, 모건, 바호펜 등 인류학의 선구자들이 모두 진화론자로 규정될 만큼 인류의 각종 제도나 관습이 시간적으로 어떻게 변해왔는지에 관심을 두었다. 또한 인류학 이론사의 초기 부분을 장식하고 있는 전파론도 사실은 역사적인 관심에서 나온 것이다. 즉 인간 사회의 어떤 문화적인 항목이 어디서 기원해서 어디를 거쳐 어디로 퍼져나갔는지, 그리고 현재 우리가 접하고 있는 특정의 문화적인 항목은 어디를 거쳐서 여기까지 전해져왔는지는 '역사적인 특수주의(historical parti-cularism)'로 규정될 만큼 역사적인 관심에 속한다.

이렇듯 인류학적인 관심은 분명히 역사적인 측면을 포함하고 있다. 모든 사회문화적인 현상에서 우리는 역사적인 측면을 읽을 수 있다. 인간 사회의 모든 문화적인 현상은 고정불변의 것이 아니라, 시간적으로 보면 변모를 거듭한다. 그것은 그 문화를 구성하고 있는 부분들 간에 시간적으로 끊임없는 상호작용의 결과로 그런 현상이 나타나기 때문이다.

인류학자 레슬리 화이트가 인류학의 문화 연구 영역을 설명하면서 제시한 4분법적인 구분은 인류학의 역사적인 관점을 이해하는 데 좋은 길잡이가 된다고 생각한다. 즉 화이트(2002 : 특히 제4부 참조)는 인간의 생활양식은 다른 동물들의 것과는 달리 초생물학적이며 초유기체적인 전통, 즉 우리가 '문화'라고 부르는 전통의 작용으로 나타난다는 점에서 인간 사회의 문화적인 다양성에 대한 연구는 인간 유기체 및 인간의 생물학적 또는 심리학적인 요인들에 의거하지 않은 '문화과학' 또는 '문화학'이어야 한다고 주장한다. 화이트에 의하면, 모든 문화현상은 시간적인 차원과 비(非)시간적인 차원에서 연구될 수 있고, 인류학자는 특수화(예컨대, 특정 시기에 발생한 특정 회사의 노사분규 사건)에 초점을 맞추어 문화 현상을 설명할 수도, 일반화(예컨대, 민주화 시대의 노사분규 일반)에 관심을 둘 수도 있다는 것이다. 이 두 가지의 차원을 교차시키면 네 가지의 인류학적인 관심 분야가 구분된다(1977: 81) :

문화학적 해석의 제형태

	시간적(temporal)	비시간적(non-temporal)
특수화 (particularizing)	역사(history)	민족지(ethnography)
일반화 (generalizing)	진화 (evolution)	구조기능주의 (structural-functionalism)

인류학은 관심의 대상에 따라서 이 네 가지의 접근방식 및 관점을 적절하게 사용한다. 이런 의미에서 인류학은 역사학적인 관점을 분명히 분석 도구로 활용하고 있다. 역사학은 사회문화 현상을 구성하고 있는 구체적인 사물과 사건들의 상호작용 과정에서 연대기적인 순서를 분명히 가려서 현상의 이해에 접근하고자 한다('역사'). 그러나 컴퓨터나 휴대폰과 같은 문명의 이기들은 어느 특정 인물의 업적만으로 돌릴 수 없는 과학기술적인 진화 과정에 등장한 것들이다('진화'). 다른 한편 일단 시간적인 차원을 접어둔 채 인류학자들은 관찰이나 조사 시점에서 사회문화 현상들을 있는 그대로 기술함으로써 그 사회의 생활문화의 현재 상태를 파악하고자 한다('민족지'). 또한 이 민족지를 기초로 사회생활을 이루고 있는 각 분야가 어떤 식으로 유기적으로 상호 관련을 맺으면서 하나의 기능적인 전체를 이루고 있는지를 파악하고자 한다('구조기능주의'). 이렇듯 인류학자들은 관심의 대상에 따라서 다양한 도구 중

적절한 것을 택해서 연구에 임한다.

그러나 아마도 인류학의 다양한 분야 중 역사학에 가장 가까운 것은 '민족역사학(ethnohistory)'과 '선사고고학(prehistoric archaeology)'일 것 같다. 민족역사학은 문자를 갖지 않은 사회, 또는 문자가 있더라도 역사적인 기록이 충분하지 못한 사회의 역사를 재구성하려고 할 때 인류학자들이 현지 조사 자료나 초기에 이들을 접촉한 선교사들의 기록, 혹은 여행기 · 견문록 · 공문서 · 사문서 등을 바탕으로 해서 특정 인간 집단의 문화 변동 과정과 변화의 원인을 밝히려는 작업이다. 다른 한편 '고고학'으로도 더 널리 알려져 있는 '선사고고학'은 인류학의 한 분야이다. 한국과 중국 등 극히 소수의 나라를 제외하고 미국을 포함한 대부분의 나라에서는 대학의 편제상 고고학이 인류학과의 커리큘럼에 포함되어 있을 뿐 독립적인 학과로 개설되어 있지 않다. 역사 이전의 선사시대의 사회문화 현상을 유물과 유적지에서 포착되는 증거로 재구성하고 해명하려는 선사고고학의 작업은 '정확한 연대기적인 재구성'보다는 사회문화 형태의 시간상의 변화에 주로 관심을 두고 있다는 점에서 '진화론적인 관점'이 주축을 이룬다고 할 수 있다. 여하튼 이런 민족역사학과 선사고고학의 작업은 역사학과 인류학이 교차하는 교집합의 영역에 깊숙이 위치하고 있다고 하겠다.

2 역사학과 영상자료

우리 학계의 일반적인 학문 체계 방식에 따르면 인류학은 사회과
학의 한 분야로, 역사학은 인문학(humanity)의 한 분야로 분류된
다. 그러나 역사학 연구들은 거의 예외 없이 분석의 결과가 증거
에 의하여 뒷받침되어야 하는 등 객관적인 분석에 의거하고 있다.
아무런 증거의 뒷받침도 없이 신념에만 기초한 주장은 평론의 수
준에서는 가능하겠지만 역사학 연구에서는 설 자리가 없다. 이런
점에서 필자는 역사학은 사회과학의 한 분야로 규정되어야 한다고
생각한다. 과거에 일어났던 사회문화 현상을 기술한 역사가의 '역
사(written history)' 그 자체를 사회과학이라고 할 수는 없겠지만,
그런 역사를 연구하는 학문 분야로서의 '역사학(historical studies)'
은 바로 사회과학의 한 분야라고 필자는 생각한다.

인류학이 시간적으로는 전 시대에 관심을 두고 있다고는 하지

민족지 영화 〈북극의 나누크(Nanook of the North)〉의 한 장면.

만, 주요 관심사는 아무래도 현재의 사회문화 현상을 이해하는 데 있다. 인류학자들이 현지 조사에 의거해서 제작하는 민족지 영화는 조사 및 촬영 시점에서의 사회문화 현상을 기록한 것이다. 따라서 대부분의 민족지 영화는 현대 사회에 관한 기록이고 오래된 것이라고 해도 시기적으로 한 세기를 넘어가는 사례는 드물다.

그러나 역사학의 주 자료는 문서기록이고 시기적으로는 문자가 등장한 시점까지 거슬러 올라간다. 사실 한 장의 사진에도 사회 및 문화에 관한 엄청난 양의 정보를 담을 수 있다고는 하지만, 사진술이 등장하기 이전 시기의 연구는 문헌정보 및 유물과 유적 자료에 의거할 수밖에 없다. 사진 및 영화의 형식으로 역사적인 영상기록들이 많아지면서 현대사 연구는 문헌기록의 한계를 뛰어넘을 수 있어서 사실상 역사학 연구의 새로운 지평이 열렸다고 할 수 있다. 역사 다큐멘터리는 인류학적인 민족지 영화와는 달리 과

거의 역사적인 사실들을 다루기에 문자로 된 역사 기술 못지않게 왜곡의 위험이 따르기도 한다. 제작자의 편견이 개입될 가능성, 영상 아카이브에 소장되어 있는 영상자료의 한계, 역사적인 사실들에 대해 증언해줄 제보자들의 기억력의 한계 및 개인적인 견해 차이 등은 역사 다큐멘터리의 질적인 완성도를 높이는 데 걸림돌이 될 수 있을 것이다(Rosenthal 1996 : 251~258쪽, 제19장 참조). 그러나 전쟁과 같은 중요한 역사적인 사건들, 현대사를 주도한 중요한 지도자들의 행적이나 인터뷰, 유물과 유적지 등을 다룬 생생한 역사 다큐멘터리들은 역사학 연구를 더욱 자극하였고 또한 풍요롭게 했다.

민족지 영화는 인류학자들만의 전유물이 아니다. 한 시점에서 담은 민족지적인 성격이 풍부한 영상자료는 그 자체가 역사적인 기록으로 남는다. 사진은 다른 기록방식이 도저히 따라올 수 없을 정도로 정보의 집적도가 높다는 점에서 역사적인 재구성에 결정적으로 기여할 수 있을 것이다. 영상인류학사에는 이런 식의 기념비적인 민족지 영화가 적지 않다.

민족지 영화의 선구자로 손꼽히는 플래허티(Robert Flaherty)가 1922년에 제작한 민족지 영화 〈북극의 나누크(Nanook of the North)〉는 허드슨 베이 지역에 살았던 에스키모 사회의 생생한 역사적인 기록이다. 이 영상기록은 한 시간 정도에 불과하지만, 에스키모들이 어떤 환경에서 어떤 생계 방식을 가지고 어떻게 살았는지에 관한 풍부한 생활정보를 담고 있어서 에스키모 사회를 이해하는 데 크게 기여했을 뿐만 아니라, 그 사회의 역사적인 재구성 작업에 빼놓을 수 없는 부분이 되었다.

물론 이것은 민족지 영화가 문자를 갖지 못한 사회를 대상으로 한 역사학 연구에만 활용된다는 것을 의미하는 것이 아니다. 비록 화질은 좋지 않더라도 오래된 기록영화는 역사학 연구에서 귀중한 자료로 활용될 수 있다. 가능한 대로 동원할 수 있는 문헌 기록은 관련된 영상자료를 참고할 수 있다면 더욱 설득력 있는 증거로 빛을 볼 수 있을 것이다.

때로는 현재의 시점에서 제작된 민족지 영화가 역사적인 진실에 접근하는 데 활용될 수도 있는 것이다. 필자는 2000년 가을에 유향(儒鄕)이라고 할 만한 한 지방의 서원에서 거행된 가을제사[秋享]를 관찰한 바 있다. 이때 전 과정을 촬영한 비디오테이프는 전통 사회에서 서원의 존재가 어떠했고, 어떤 사람들이 참여하여 어떤 일들이 벌어졌는지, 그리고 서원은 지역 사회에서 어떤 기능을 담당하였는지를 조명해줄 만한 많은 유용한 정보를 담고 있었다. 또한 이런 영상자료를 통해서, 우리는 제사의 의례 과정, 의식의 형태, 이를 위해 동원된 각종 도구들, 참여한 사람들의 태도 등에서 외래적인 요소로 간주될 만한 어떤 것들이 있고, 또 전통적인 요소들이 현대에 어떤 방식으로 살아남아 있는지를 엿볼 수 있다. 뿐만 아니라 이런 자료는 전통 사회에서의 유학과 사회 조직의 관련성을 이해하는 데도 유용한 길잡이가 될 것이다.

필자는 또 하나의 사례를 스페인 남부지방에서 광범하게 관찰되고 있는 문화의 융합(融合, fusion)현상의 현장에서 찾아볼 수 있었다. 코르도바(Cordoba), 세비야(Seville), 그라나다(Granada) 등을 포함하고 있는 안달루시아 지방에서의 기념비적인 유물과 유적지에는 이 지역이 역사적으로 유대교, 이슬람, 가톨릭 등 세계 종교의 각축장이었음을 분명하게 들어내보이는 흔적을 찾아볼 수 있었다. 한 도시 내에 종교별로 주거지역이 구분되어 있어서 하위문화 간의 차이를 분명히 읽을 수 있는가 하면, 하나의 성당이 시대에 따라서 지배세력의 종교적인 성향 차이를 그대로 반영하고 있는 사례를 흔히 볼 수 있다. 특히 코르도바의 모스크 성당(Mezquita-Cathedral)은 메카 다음으로 이슬람 세계에서 가장 큰 규모로, 이 성전의 건축물 그 자체가 이슬람과 기독교의 공존을 극명하게 들어내고 있어서 스페인 역사의 기념비적인 유산으로 손꼽힌다. 이런 사실들은 영상적인 기록에 의해서 실증적이고도 확실한 증거로 역사학 연구 및 역사교육에 활용될 수 있을 것이고, 문화 간의 비교 연구를 위한 자료로서의 가치가 높다고 하겠다.

3 역사 교육과 영상자료

역사관련 영상자료는 역사학 연구 그 자체보다는 아무래도 역사 교육 분야에서 더 효과적으로 활용될 수 있다고 필자는 생각하고 있다. 우리가 역사에 관심을 가진다고 해서 과거의 어느 시기로 돌아가 직접 관찰하고 경험할 수는 없지만, 영상자료를 통해서 역사적인 사건들의 생생한 현장의 모습을 간접적으로나마 접할 수는 있다. 특히 영상기술과 텔레비전 방송이 발달하면서 현대사의 현장을 담은 영상자료는 사실상 엄청난 분량에 달하고 있다. 물론 여기에는 제작자의 기획 의도에 따라서 편파적이거나 편견이 있을 수 있다. 물론 문서적인 기록에도 이런 문제가 있겠지만, 이것은 자료가 더 풍부할수록 대조와 분석 과정을 거쳐서 걸러질 것이다. 여하튼 이런 자료는 언제, 어떤 일이, 어떤 방식으로 일어났는지, 그리고 그 시대를 살았던 일반 사람들은 어떤 식으로 반응했는지

〈조용한 아침의 나라〉의 한 장면 : 시장 사람들.

에 관한 정보를 얻는 데 문서적인 기록으로는 담지 못할 정도로 상세하게 상황을 알아볼 수 있다. 또한 이런 영상자료는 필요할 때에는 언제든지 재현해서 다시 볼 수 있는 이점을 지니고 있다.

역사 다큐멘터리 중에는 '민족지성'이 높아서 '민족지 영화'로 불러도 손색이 없을 만한 것들이 적지 않다. 서구의 선교사들에 의해서 포착된 한말의 사회상을 담은 사진들은 물론이고, 일제시대의 사회상을 담은 활동사진 자료들은 우리의 전통문화를 이해는 데 귀중한 보탬이 되고 있다. 예컨대 1925년에 독일인 선교사 베버(Norbert Weber)가 촬영한 영상자료를 편집한 비디오 작품 〈조용한 아침의 나라〉(90분 분량)는 서울과 지방의 풍속, 가내수공업의 현장, 관혼상제 등의 생생한 문화현장을 담고 있다. 한국 최초의 16mm 흑백 무성영화로, 오딜리아 대수도원 베버총 아파스의 제작, 성베네딕토 수도원 시청각 종교교육 연구회가 우리말 제작을 맡은 이 작품은 당시 서민들의 생활양식을 엿볼 수 있는 귀중한 정보를 제공해주고 있어서 인류학뿐만 아니라 역사 교육 자료로서의 가치도 충분하다고 하겠다.

현대사의 범위를 넘어서 더 과거로 거슬러 올라간다면 유물과 유적지를 담은 영상자료밖에 없겠지만, 역사 교육의 현장에서 교육적인 효과는 지대할 것으로 생각된다. 단지 문헌자료나 몇 장의 스틸 사진만을 보여주는 것보다 입체적인 감각과 함께, 비록 간접적이긴 하지만 생생한 화면으로 역사의 현장을 접하게 하는 것은 훨씬 설득력이 있을 것이다. 이미 우리나라에서도 방영된 바 있는 일본 NHK가 제작한 〈실크로드〉와 같은 영상 역사 시리즈는 물론이고, 서구에서도 이런 부류의 대형 역사 시리즈물을 무수히 제작하여 교육현장에서 적극적으로 활용하고 있다. 그러나 우리나라에서는 여전히 텍스트 위주의 역사 교육에 매달리는 실정이다.

때로는 역사적인 사건이 영상적으로 재현되어 방송 프로그램으로 제작되기도 한다. 우리나라에서도 KBS 〈역사스페셜〉 같은 프로그램이 그런 사례에 속한다. 이런 프로그램은 순수한 교육적인 것이라기보다는 시청자들의 호기심이나 관심에 부응하면서 제작되는 것이기는 하지만, 역사학이 결코 외면해서는 안 될 분야라고 하겠다. 사실 이런 프로그램들은 역사학 연구 성과를 어느 정도 반영하고 있는지와 함께 역사학자들의 자문을 기획 및 제작 과정에서 어느 정도로 충실히 수용하였는지가 작품의 질을 가늠한다고 할 수 있다.

4 '영상 역사 자료관' 설립을 위한 제안

우리 문화에서는 '자료관(archives)'의 개념을 찾아보기 힘들다. 물론 조선시대에 《왕조실록》이라는 방대한 기록이 이루어져서 지금까지 잘 보관되어왔지만, 사회의 각 단위마다 후세를 위한 기록으로 공식/비공식 문서들을 보관하는 제도적인 장치는 거의 없었다. 이런 전통은 마을마다 사고(史庫)를 두고 각종 문서를 철저하게 보관해두는 일본의 전통과는 너무나도 차이가 난다. 자료관이 지식의 축적을 위한 제도적인 장치라고 볼 때 우리 문화는 이 점에서 기본적인 약점을 가지고 있다고 생각한다. 불과 한 세대 남짓한 역사를 가진 서울의 지하철 1호선 건설의 설계도면이 보관되어 있지 않다는 보도가 있었다. 이는 어떤 개인의 실수라기보다는 우리 문화의 한 부분이고 그 결과이다. 우리나라 영화사에서 가장 초기의 작품으로 손꼽히고 있는 나운규 감독의 〈아리랑〉 필름이 한국에는 없다는 점도 이미 널리 알려진 바이다. 이것이 일본의 어느 콜렉터가 보관하고 있다는 미확인 보도가 간간이 흘러나왔다. 우리는 이렇게 일단 쓰고 난 뒤 그 자료를 보관하는 데 소홀했다.

문서 자료 및 물질문화의 민속품들을 보관하는 데 소홀한 우리의 문화적인 풍토에 사치스러운 제안이라고 생각될지도 모르지만, 우리는 더 늦기 전에 이제 우리 문화의 발자취를 담은 영상자료들을 체계적으로 수집하고 보관할 준비를 갖추어야 할 것이다. 과거의 영상자료들은 구하기도 어렵지만 수적으로도 적을 것이다. 현대사의 사회문화 현상을 담은 영상자료들은 빠른 속도로 사라지고 있지만 우리는 이에 별로 주목하지 않고 있다. 그러나 이것들도 돌아서면 벌써 과거사의 기록으로 남게 된다. 현재의 시점에서는 그 가치를 인정받기 힘들지 모르지만 시간이 지날수록 연구 및 교육에 귀중한 자료가 될 것이다.

현대의 과학기술 발달은 영상자료들을 디지털 신호로 변환시켜서 영구적으로 보존할 수 있는 획기적인 기법에까지 도달했다. 작은 부피의 하드디스크에 상상을 초월할 정도로 많은 양의 영상정보를 담을 수 있게 되었고, 이 분야에서의 기술적인 발전은 하루가 다르게 가속화되고 있다. 더 늦기 전에 우리는 '영상역사자료관'을 설립할 준비를 갖추어야 하겠다. 이것은 현대의 사회문화 현상을 담은 민족지 영화는 물론이고 역사적인 유물과 유적을 철저히 기록한 영상자료들을 체계적으로 보관하는 제도적인 장치여야 할 것이다. 이 계획에는 역사학자들이 주도적인 역할을 맡아야 할 것이다. 한국의 역사와 관련된 어떤 기존의 영상자료도 쉽게 찾아볼 수 있는 '영상역사자료관'이 등장할 날을 기대해본다. 특히 디지털화된 영상자료관의 자료는 얼마든지 복제가 가능하기에 전국의 주요 도시 어디라도 분관을 만들 수 있는 이점이 있어서 우리 문화의 연구 및 역사 교육의 진흥을 위한 중요한 자극제가 될 것이다.

【영상고고학】 **5**

새로운 서술 방법으로서의
영상고고학

임세권

다큐멘터리의 내용에서 역사학 못지 않게 많은 비율을 차지하고 있는 것이
고고학이다. 고고학은 유물과 유적을 통해 발언한다. 그것은 고고학의 성격이
기본적으로 시각적 · 영상적이라는 것을 뜻한다. 본 글에서는 텍스트 위주의 난해한
고고학 보고서들, 고고학 조사기록의 영상화,
디지털 영상보고서의 문제들을 중심으로, 새로운 서술방법으로서의
영상고고학의 다양한 측면들을 처음으로 정리 · 발표하고 있다.
필자는 그동안의 선사시대 연구와 국내뿐 아니라 인접국가들의 대한 다양한
답사 활동, 그리고 박물관장을 역임하면서 겪었던 고고학 현실을 바탕으로
영상고고학에 대한 현황과 전망을 제시하고 있다.

이제 영상이란 말은 과거처럼 필름이나 비디오테이프에 담겨진 영상을 말하는 것이 아닌 디지털 영상을 의미한다. 따라서 과거에 영상작업은 필름이나 비디오테이프를 이용하여 기록한 영상자료들을 아날로그 방식으로 편집하여 하나의 작품을 만드는 것이었지만, 이제는 디지털 장비로 만들어진 영상자료를 디지털 방식으로 편집하여 작품을 만든다.

이 새로운 디지털 방식의 언어는 텍스트를 중심으로 하는 문자 방식이나 영상을 중심으로 하는 영상언어의 방식만으로 이루어지는 것이 아니라, 문자와 사진과 동영상과 소리가 한데 어우러져 만들어지는 전혀 새로운 서술 방식을 의미한다. 이 새로운 서술 방식에 사용되는 언어는 바로 하이퍼텍스트(hypertext)라는 것이다.

곧 하이퍼텍스트의 등장은 디지털이라는 새로운 데이터 처리 방식에서 나온 것이다. 그래서 지금 우리가 영상시대라고 하는 말은 바로 디지털 영상시대를 의미하는 것이며 그것은 과거처럼 영상 하나만을 말하는 것이 아니라 정지영상과 동영상에 텍스트와 소리 까지를 포함하는 복합적인 요소를 두루 아우르는 말이다.

최근 인문학에 대한 위기의식이 높아지고 있다. 그것은 산업 사회 아래서 자연과학이나 사회과학에 비해서 인문학이 상대적으로 비생산적이거나 비효율적이라는 측면이 강조되는 데서 온 것과는 매우 다르다. 이는 정보화 사회에 들어오면서 하이퍼텍스트가 텍스트를 대체하면서 등장한 새로운 틀을 인문학이 빠르게 받아들이지 못하는 데서 비롯된 것으로 보인다. 즉 멀티미디어를 기반으로 한 하이퍼텍스트 방식의 서술 체계를 받아들이지 못하면 어떤 학문이라도 그 존재 의미를 인정받을 수 없을지도 모른다.

하이퍼텍스트의 등장은 인쇄술의 발명에 비견될 만큼 커다란 변화이다. 하이퍼텍스트는 읽는 사람이 첫 페이지부터 마지막 페이지까지를 순차적으로 읽을 수 있도록 되어 있지 않다. 읽는 사람은 첫 페이지를 읽다가 갑자기 책 속의 다른 어딘가로 시점을 옮길 수 있으며 심지어는 다른 책의 어느 부분으로 달아날 수도 있다. 따라서 하이퍼텍스트를 대하는 사람은 주어진 책 속에서 피동적으로 지식을 습득하는 것이 아니라 하이퍼텍스트가 만들어낸 공간의 여기저기로 옮겨다니면서 자신이 필요로 하는 지식을 자신의 필요에 의해서 수집하고 재구성하여 새로운 지식 체계를 만들어낸다.

또한 앞에서 말한 것처럼 하이퍼텍스트는 글자만으로 구성되는 것이 아니다. 그것은 글자는 물론 소리와 영상이 뒤섞여 있으며 영상도 정지된 영상인 사진자료뿐 아니라 움직이는 동영상이나 애니메이션 등을 포함한다. 이 글에서 말하는 '영상고고학'이란 말을 나는 단순히 영상만으로 보여주는 고고학이 아니라, 사진·동영상·3차원 애니메이션 등 모든 종류의 영상들이 텍스트를 포함한 다양한 요소들과 함께 어우러져 하이퍼텍스트에 의해 표현되는 고고학으로 정의하고자 하며, 그를 위해서 어떤 방법으로 조사하고 연구할 것인가에 대해 정리해보고자 한다.

1 난해한 고고학 보고서들

이러한 시점에서 이 글에서 이야기하려 하는 고고학을 돌아보자. 실상 고고학은 그 기본적 조사 내지는 연구 방법 자체가 텍스트만으로는 불가능한 분야이다. 매장문화재를 발굴하고 발굴 과정을 상세히 기록하여 남기는 것을 기본적인 방법으로 삼고 있는 고고학은 당연히 텍스트보다는 정확한 실측도면의 작성이나 유구나 유물들의 세부 드로잉, 사진 등이 연구에서 필수적인 방법으로 사용되고 있다. 따라서 고고학 이론 서적에는 실측도의 작성이나 사진 촬영의 기술에 관련된 항목이 상당 부분 차지하고 있다. 그것은 유적이나 유구 또는 유물에 대한 구체적인 서술이 텍스트만으로는 충분치 못하기 때문이며 텍스트가 할 수 없는 부분을 그림이나 사진이 보충해주어야 하기 때문이다.

그러나 텍스트만으로 고고학 보고서를 이해하는 것은 전공 학자들에게도 그리 쉬운 것은 아니다. 발굴보고서 중에서 기와를 설명한 다음 문장을 보자.

> 황갈색을 띠는 승문 평와로 연질이다. 승문의 올은 가늘고 거칠며 하단부에는 문양이 시문되지 않았다. 분할은 와도로 네 번 쳐서 다듬었으며 하단부는 세 번 다듬었다. 안쪽면에는 포자국과 빗질한 자국이 남아 있으며 태토는 석영 알갱이와 운모가 조금 섞인 모래질 찰흙을 사용했다. 이 기와는 매우 두꺼운 편이고 깨진 부분만으로 볼 때는 평와일 가능성이 높다. 남은 길이 : 16.5cm, 남은 너비 : 9.7cm, 두께 : 3.9cm. (세종대학교 박물관, 용인 언남리 유적, 2001, 95쪽)

위와 같은 문장을 이해할 수 있는 사람이 얼마나 되겠는가? 그렇다고 이 글을 누구나 알기 쉽게 고쳐 쓰는 일도 그리 쉬운 것은 아니다. 기와에 대한 지식을 갖추지 않은 사람에게는 아무리 쉽게 쓴다고 해도 글자만으로 기와의 형태와 재질을 이해시킬 수는 없기 때문이다. 이러한 문제를 해결하기 위해서 고고학 보고서들은 가능한 한 많은 양의 실측도면과 사진들을 이용한다.

그러나 지금까지의 고고학 책들이 그림이나 사진이 들어 있다고 해서 텍스트 중심으로 되어 있지 않다는 것이 아니다. 그 속에 들어 있는 그림이나 사진들은 다만 텍스트를 보조하는 참고자료일 뿐이기 때문에 대부분의 고고학 보고서들은 글자로 이해할 수 없는 부분을 위해서 유구나 유물의 실측도면이나 사진들을 책 뒤쪽에 별도로 모아놓거나, 아니면 페이지의 한쪽을 이용하여 적당한 위치에 배치하고 있다. 그럼에도 불구하고 책을 보는 사람들은 어

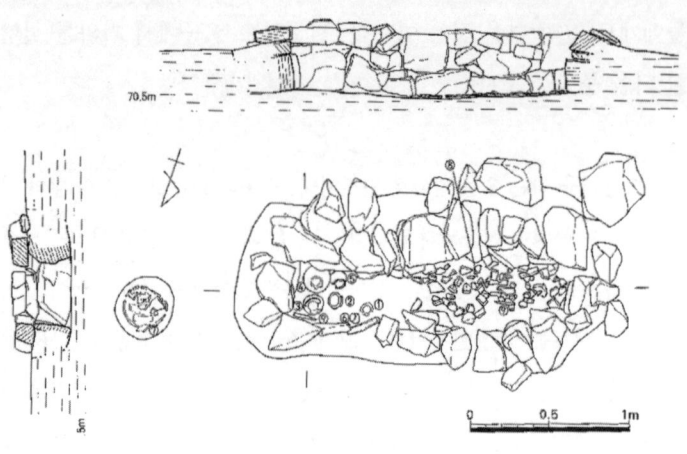

70.5m

고고학을 전공하지 않은 대부분의 사람들은 이 그림이 무엇을 의미하는지 전혀 알 수 없다. 이 그림을 알기 위해서는 오랜 기간의 전문적 훈련이 필요하다. (영남문화재연구원, 대구시지구 고분군 I, 2001, 236쪽)

느 정도의 고고학 지식을 갖추지 않고서는 책 속의 도면이나 사진을 쉽게 이해할 수 없다. 특히 다양한 실측도면들은 전문적인 지식 없이는 이해할 수 없는 경우가 대부분이다.

　위 그림이나 오른쪽 그림은 고고학 전공자들에게는 매우 익숙하지만 그렇지 않은 사람들에게는 낯설기 짝이 없을 것이다. 유구의 평면도와 단면도는 비전공자들에게 유구의 형태가 어떻게 생겼는지를 알려주는 정보로는 터무니없이 부족하며 유물의 실측도도 많은 부분이 어려운 암호처럼 보일 뿐이다.

　이러한 고고학 보고서들의 난해함은 이들 보고서를 이용하여야 하는 고대사 연구자들이나 미술사 연구자들에게 많은 불편함을 주고 있다. 또한 고고학 연구 결과가 꼭 필요한 인접학문의 연구자

 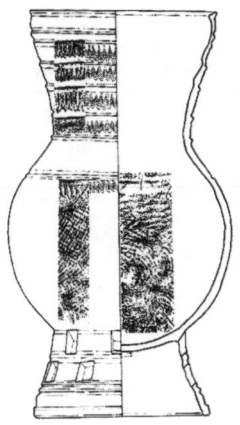

고고학 지식이 없는 사람들이 사진과 도면만으로 토기를 이해하기란 쉽지 않다. 전문가들도 그들의 오랜 경험을 통하여 토기의 형태와 재질·문양 등의 세부 사항 등을 짐작할 뿐이다. (영남문화재연구원, 대구시지지구 고분군 I, 2001, 435쪽 사진 59-4와 110쪽 도면 47-2)

들에게조차 대부분의 고고학 보고서들은 그리 친근한 존재가 되지 못한다.

이를 위해서는 보고서를 시각적으로 쉽게 이해할 수 있도록 만드는 것이 중요하며 그를 위한 가장 효과적인 방법은 입체적인 영상물을 이용하는 것, 즉 영상고고학이 그 해결책이 될 수 있을 것이다.

2 고고학 조사기록의 영상화

고고학을 영상화시킨다는 것은 두 가지 측면으로 나누어 생각할수 있다. 하나는 고고학 자료를 영상으로 기록한다는 것이며, 다른 하나는 기록된 영상자료를 재편집하여 한 편의 작품, 즉 보고서를 작성하는 일이다.

자료 자체를 영상으로 만드는 일은 이제 모든 분야에서 보편화되어가고 있다. 가정에서도 사진에만 의존하여 기록하던 어린아이들의 성장 과정을 비디오로 기록하는 일이 일반화 되었으며 여행할 때에도 이제는 대부분의 사람들이 비디오카메라를 손에 들고간다. 오히려 가장 앞서가야 할 학술 분야에서 가장 늦게 비디오의 효용성을 깨닫고 그것을 어떻게 학문에 적용하여야 할 것인가를 고민하고 있다는 것은 오히려 아이러니컬하다.

여기서 영상이라 함은 이전까지의 아날로그 방법에 의한 영상이

디지털 비디오로 촬영된 안동 정상동 고성 이씨 분묘 조사 장면. 당시 촬영된 자료는
뒤에 KBS에 의해 재편집되어 〈역사스페셜〉로 방영되었다.

아닌 디지털 영상이다. 그 이유는 우리는 이미 디지털 시대에 접
어들었기 때문이기도 하려니와, 디지털 영상자료라야 그것을 DB
화할 수 있고 하이퍼텍스트의 작성에 자유롭게 이용할 수 있기 때
문이다.

　고고학 조사의 현장 기록이나 유물의 기록을 영상으로 만들기
위해서는 단순히 연필로 그리던 것을 비디오카메라로 촬영하는 것
만은 아니다. 조사자료의 영상화는 최종 조사보고서를 영상화하기
위한 사전 단계로서 의미가 있다. 이를 위해서는 조사자들이 조사
기록을 위한 기본 장비를 디지털화하여야 한다. 기본적 장비로는
디지털 측량기기, 디지털 스틸 카메라, 디지털 비디오카메라, 각
종 디지털 데이터를 처리하기 위한 소프트웨어, 현장 조사원을 위
한 노트북 컴퓨터, 현장 사무실용 데스크탑 컴퓨터 등이다.

　현장 조사원이 소지한 노트북 컴퓨터와 사무실 안에 설치된 데

스크탑 컴퓨터는 무선 랜을 이용하여 통신이 가능하여야 하며 측량기기나 카메라 등도 가능하면 각 컴퓨터와 무선으로 연결되어야 할 것이다. 지금까지 연필을 사용하던 간단한 스케치나 약도 현장 메모 등도 노트북 컴퓨터의 그래픽 프로그램이나 문자인식 프로그램 등을 통해 컴퓨터상에서 쉽게 만들 수 있으며 이들은 실사 비디오 자료나 사진자료 등과 함께 디지털화되어 컴퓨터 속에서 재가공된다.

디지털 측량기기는 지형측량뿐 아니라 유구 또는 유물의 실측도 할 수 있어야 하며 디지털화된 자료는 3-D 영상으로 가공되어서 지형도와 유구의 구조를 입체적으로 보여줄 수 있게 된다. 최근에는 휴대용 레이저 스캐닝 장비들의 발달로 비교적 낮은 가격과 손쉬운 조작으로 유구를 3차원으로 시각화할 수 있게 되었다. 이렇게 하면 지금까지 발굴 조사 때 작업 기간의 대부분을 차지하던 유구실측은 레이저 스캔을 이용한 측량장비를 통하여 아주 빠른 시간에 간단한 방법으로 완성되며 그것도 3-D 도면으로 입체화하여 만들게 된다.

3차원 모델링을 통한 익산 미륵사지 서탑의 컴퓨터그래픽 영상. (전라북도 익산지구 문화유적지 관리사업소 외, 《미륵사지석탑》, 2001, 286쪽)

사진 장비도 대부분 디지털 카메라로 대체될 수 있으며 꼭 필요한 경우 이외에는 거의 디지털 카메라만의 촬영으로도 충분하다. 따라서 조사 현장의 모든 조사원들이 디지털 비디오카메라와 디지털 스틸카메라를 노트북 컴퓨터와 함께 가지고 있어야 할 것이다. 아마도 곧 비디오카메라와 정지화상을 위한 스틸카메라의 구분이 없어질 것으로 보인다. 따라서 앞으로는 디지털 비디오카메라만으로 동영상은 물론 고화질의 스틸사진도 동시에 찍을 수 있게 될 것이다. 이미 일부 디지털 비디오카메라들은 백만화소 이상의 고화질을 보장하는 스틸사진을 찍을 수 있다.

디지털 장비를 이용한 조사 현장에서의 기록 방법의 혁신은 지금까지의 방법으로는 불가능했던 다양한 발굴 과정의 모습을 보여줄 수 있으며 유구와 유물의 모습을 지금까지 생각하지 못한 시점에서 보여줄 수도 있다.

최근 방송 제작에서 많이 이용되는 크레인과 소형 카메라, 그리고 모니터를 연결하여 공중 숏(Aerial shot)의 촬영을 활용하면 일일이 사람이 발굴 트렌치 내부를 발로 밟고 다니면서 필요한 부분의 촬영을 해야 하는 문제도 간단히 해결할 수 있다. 소규모 발굴구의 경우는 공중 촬영도 이 크레인 촬영을 이용하여 해결할 수 있을 것이다.

조사현장 기록의 이러한 모든 장점들은 디지털 장비에 의해서만 가능하다. 만일 이것을 아날로그적인 방법으로 하려 한다면, 가능하다고 하더라도 엄청난 재정과 고도의 기술이 필요할 것이다.

3 디지털 영상보고서의 작성

처음에 말했던 것처럼 앞으로의 보고서는 텍스트에 의존하는 것이 아닌 하이퍼텍스트를 이용한 것이 되어야 한다. 이 하이퍼텍스트는 텍스트와 그래픽 사진과 동영상이 함께 처리되며, 따라서 텍스트 중심의 문법 체계와는 전혀 다른 새로운 문법 체계가 적용되게 된다. 이를 위해서는 새로운 문법 체계에 적용시킬 수 있는 자료가 확보되어야 하며, 그래서 이미 앞에서 디지털 방식에 의한 조사기록에 대해 말한 바 있다.

디지털 자료의 이용은 그래픽이나 사진 또는 동영상이 중심이 되므로 지금까지의 보고서처럼 많은 양의 텍스트, 즉 문자를 사용할 필요가 없다. 즉 유적의 환경을 설명하기 위해서 많은 문자 설명을 할 필요없이 유적을 포함한 주변 환경을 파노라마 사진으로 보여주는 것으로 충분하다. 보고서를 보는 사람은 컴퓨터 모니터에 출력된 사진 위에 있는 마우스 포인터를 좌우 또는 상하로 움직이면, 그에 따라 보고싶은 방향의 영상이 나타나게 되며, 유적이 위치한 자연 환경을 시각적으로 충실히 이해할 수 있게 되는 것이다. 이것은 보는 사람의 의사와 관계 없이 촬영된 영상이 편집된 형태대로 일방적으로 흘러가면서 보여지던 아날로그적 영상물과는 근본적으로 다르다. 또한 이제 텍스트 문자는 이전과 반대로 영상자료의 보조적 역할을 하게 되며 영상만으로 이해하기 어려운 부분을 보조설명하는 정도에서 사용되게 될 것이다.

조사현장에서 작성된 모든 디지털 자료들은 DB화하여 필요한 자료를 키워드를 통해서 손쉽게 검색할 수 있고 또 필요한 경우 특정 그림의 요소를 이용하여 검색이 가능하도록 되어야 한다. 자료들은 텍스트로 된 것과 그림으로 된 것, 그리고 사진으로 된 것과 비디오 동영상으로 된 것, 사운드 파일과 각종 통계자료 등 매우 다양하다. 그러나 이들이 모두 디지털화되어 있다면 이들을 한꺼번에 DB화하는 것도 가능하며 그것이 사운드이든 영상이든 텍스트이든 필요한 자료를 하나의 키워드를 이용해서 단번에 모아서 체계화시키는 것도 어렵지 않다. 이것이야말로 디지털 자료가 가진 커다란 장점이다.

따라서 디지털 영상보고서를 위한 가장 중요한 작업은 어떻게 이들 다양한 자료를 함께 DB화하여 사용할 수 있도록 하는가에 있다고 할 수 있다. 이러한 DB 작업은 키워드를 이용하여 손쉽게 필요한 자료를 추출해낼 수 있기 때문에 보고서 작성시 필요한 자료를 빠뜨림없이 찾아낸다든가, 찾아낸 자료를 체계적으로 정리한다든가 하는 일이 쉬워지며, 따라서 정밀하고도 체계적이며 이해하기 쉬운 보고서를 만들 수 있다. 특히 보고서는 이전처럼 텍스트에 의존한 아날로그적 방식이 아니라 하이퍼텍스트를 이용한 디지털 방식이기 때문에 텍스트와 사진과 동영상 등이 함께 섞여 처리되어야 한다. 이런 방식의 보고서 제작에는 위의 다양한 자료를 한꺼번에 DB화하는 작업이 매우 효율적일 수 있을 것이다.

위와 같은 DB 자료를 이용해서 만들어진 하이퍼텍스트는 과거의 보고서처럼 첫 페이지부터 마지막 결론까지를 순차적으로 읽을 필요가 없다. 유구의 구조에 관심이 있는 사람은 유구의 구조와 관련된 부분만을 키워드를 이용하여 따로 뽑아 볼 수도 있으며, 유물을 중심으로 보고 싶은 사람은 역시 유물을 중심으로 보고서를 재구성하여 읽을 수도 있다. 특정 유물과 유구가 어떻게 관련되는지를 알아보는 것도 역시 관련 항목만을 따로 출력시켜 볼 수 있다.

이러한 보고서의 형태는 보고서 작성자의 의도가 강하게 작용할 수 없으며 보고서를 읽는 사람이 자신의 관심과 필요에 의해서 새롭게 재구성할 수 있는 새로운 차원의 보고서가 되는 것이다. 이것이 하이퍼텍스트로 작성된 보고서의 강점이라 할 수 있다.

예를 들어 촬영된 동화상을 조사 후의 정리 과정에서 숏 별로 끊어서 각각 하나의 파일로 만들어 저장하고, 각각의 숏마다 키워드를 배당해두면 DB화 작업까지 가능할 것이다. 그러면 필요에 따라 그와 관련된 자료만을 손쉽게 찾아낼 수 있고 편집이 가능할 것이다. 만일 보고서에 이렇게 만들어진 영상 데이터의 DB 자료가 첨부될 수 있다면 읽는 사람은 보고자가 작성한 보고서 파일에 의존하여 보고서를 보는 것이 아니라 읽는 사람이 각자 필요한 데이터를 추출하여 보고자의 보고서와 전혀 다른 관점에서 새로운 보고서를 만들어 읽을 수도 있다. 이렇게 되면 작성자의 관점에 의해 결론을 만드는 것이 아니고, 읽는 이가 스스로 독자적인 결론을 만들어가면서 보고서를 볼 수도 있는 것이다.

조사기록에서 디지털 비디오의 활용은 단순히 조사 과정을 영상으로 담는 차원이 아니라 육안으로 확인하기 어려운 부분까지도 초접사 촬영을 통해 보여줄 수 있다든가, 저속도 촬영을 이용하여 장기간의 작업 과정을 단시간에 보여줄 수 있는 등 다양한 효과를 얻을 수 있다. 예를 들면 특정 위치에 고정된 카메라를 이용하여 인터벌 촬영을 하면 두세 달에 걸친 긴 작업 과정도 1, 2분으로 단축하여 일목요연하게 보여줄 수 있을 것이다. 뿐만 아니라 중요한 작업에서 비디오의 연속된 촬영은 정지된 사진이 놓칠 수 있는 많은 정보들을 현장에서 보는 그대로 기록하여 보는 사람들에게 현장에 있는 것과 거의 같은 느낌을 전달할 수도 있다. 이런 점에서 현장음의 생생한 기록도 비디오 영상이 가지는 커다란 장점이라 할 수 있다.

이제 보고서를 볼 때, 과거처럼 유구와 유물이 서로 분리되어 따로따로 서술되어 있어 읽는 사람들이 여기저기 왔다갔다하며 찾아 헤맬 필요가 없을 것이다. 전체 조사지역의 사진 중에서 해당되는 유구를 클릭하면 유구의 확대 도면이 나오게 된다. 이 도면은 3-D로 제작된 실측도면으로 마우스를 움직이는 것만으로도 보고 싶은 부분으로 시점을 옮길 수도 있고 평면이나 측면 또는 단면도 마음만 먹으면 언제든지 평면도와 함께 확인할 수 있다. 또 유물 배치 도상에서 해당 유물을 클릭하면 바로 모니터에 그 유물의 확대된 모습이 떠오른다. 이 유물 그림도 역시 레이저 스캔을 이용하여 실측된 데이터를 3-D로 만든 것이므로 유물을 360도 돌려볼 수도 있고, 밑바닥이나 토기의 경우 내부 모습까지도 모니터상에서 상세히 관찰할 수 있을 것이다.

영상이나 도면을 보면서 필요한 경우 간단한 설명을 텍스트 자료를 통하여 볼 수도 있으며 사운드 파일을 이용하여 조사 현장의 소리도 실감나게 들을 수 있다. 또 회의자료 등도 현장을 녹화하고 녹음하여 모니터를 통해 회의 현장 그대로를 보고 들을 수 있을 것이다.

즉 고고학에서 영상고고학이라 함은 비디오 등의 촬영을 통한 동영상자료의 편집에 의한 것이 아니라, 다양한 디지털 자료를 하이퍼텍스트라는 새로운 방식의 표현방식을 이용하여 만드는 새로운 형태의 고고학이라 할 수 있다. 이제 고고학 보고서는 종이책에서 벗어나서 많은 분량의 고화질 영상자료를 담을 수 있는 DVD롬의 형태로 공급되어야 할 것이다. 또한 저장 매체의 발달이나 영상 압축 기술의 발달은 전자책을 읽을 수 있는 PDA기기를 발달시켜서 앞으로 더욱 손쉽게 이들 영상고고학 보고서들을 읽을 수 있게 될 날이 올 것으로 기대된다.

4 하이퍼텍스트의 디지털
영상고고학을 위하여

지금부터 시작되는 새로운 시대는 '영상시대'라는 말이 오히려 어울리지 않을 만큼 다양한 매체들이 한 덩어리가 되어 새로운 언어를 만들어내는 시대다. 여기서 영상이란 말도 물론 기존의 필름이나 비디오테이프에 아날로그적으로 기록된 영상이 아닌 디지털 방식의 영상이다. 이제 이 영상 데이터들은 텍스트, 즉 문자자료는 물론이고 각종 정지사진·동화상·그래픽·애니메이션 등과 복합되어 하이퍼텍스트의 방식으로 가공되어 우리 앞에 나타난다. 이미 우리는 인터넷을 통하여 수많은 하이퍼텍스트 속에 살고 있은지 오래다. 어쩔 수 없이 우리는 다양한 디지털 방식의 기록, 저장 또는 프리젠테이션을 위한 장치들을 다루지 않을 수 없으며, 이들 기기를 과거의 연필을 다루듯 친숙하게 하는 것이 앞으로의 시대에 별 탈 없이 살 수 있는 방법이기도 하다.

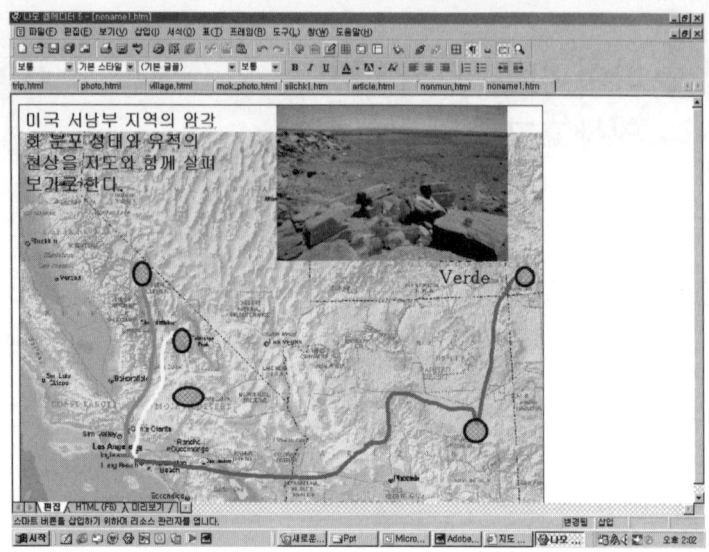

하이퍼텍스트로 작성된 고고학 논문의 예. 필자의 미국 암각화에 관한 미발표 논문으로 프리젠테이션을 위해 작성된 것이다.

이런 시대를 맞이해서 고고학 역시 과거처럼 텍스트와 몇 개의 사진, 그리고 실측도면만으로 조사하고 조사 결과를 발표할 수는 없게 되었다. 그래서 대두된 것이 영상을 중심으로 조사하고 연구하는 방법의 모색일 것이고 그것을 '영상고고학'이란 말로 표현하고 있는 것 같다. 그러나 이 영상고고학 역시 기존의 아날로그 방식의 영상기록에 의존한다면 텍스트가 가지고 있는 한계에서 그리 크게 벗어나기 어렵다.

앞에서 거듭 말한 것처럼 하이퍼텍스트라는 새로운 표현 방법 속에서 구현할 영상자료는 당연히 디지털 영상자료여야 하며, 이는 조사 과정이나 내용을 담은 기존의 동영상만으로 구성되는 것이 아니라 레이저 스캔 방식의 새로운 측량기기를 통해 만들어진

3차원적 3-D 그래픽 자료나 기존의 텍스트와 정지사진까지를 아울러 담아내는 전혀 새로운 방식의 출력물을 말하는 것이다.

이를 위해서는 고고학 연구자들을 위한 정규 교과 과정에서 디지털 영상자료를 어떻게 효과적으로 제작하고 활용할 수 있는가에 대한 교육 프로그램을 편성해야 할 것이며, 디지털 기기를 다루는 훈련에 교육의 상당 부분을 할애해야 할 것이다. 이제 컴퓨터와 디지털 장비들은 특수한 분야의 기술이 아니라, 모든 분야에서 과거의 연필을 다루듯 친숙하게 다루어야 하는 시대가 되었다. 특히 시각적으로 대부분의 자료를 보여주어야 하는 고고학자들에게는 더 말할 나위가 없기 때문이다.

1. 영상역사학

[1] 최근 이 점에 대한 많은 논의가 전개되고 있다. 그 중 미래 정보통신의 총아라는 찬사를 받고 있는 차세대이동통신(IMT-2000)과 관련된 콘텐츠 기사의 다음과 같은 제목은 콘텐츠의 중요성을 상징적으로 표현하고 있다.

'문제는 콘텐츠다 : 그릇은 화려한데 담을 음식 없어!' (《한겨레신문》 2000년 8월 21일)

〈보주〉지난 2년 동안에 우리 사회에서 콘텐츠에 대한 관심과 활용은 대단히 커졌다. 무엇보다 문화 콘텐츠 산업을 지원하는 '한국문화콘텐츠진흥원' (http://www.kocca.or.kr)이 국가 차원에서 설립되었다. 그리고 '콘텐츠' 의 명칭이 들어가는 많은 학회들도 창립되었다. 이제 '디지털 기술' 과 함께, 그 내용물에 해당하는 '문화콘텐츠' 에 대한 관심과 창출에 대한 중요성은 충분히 공감대가 형성되어 있다.

[2] '항상 인문학을 존중해왔던 영국과 같은 나라에서 '인문학의 위기' 라고 한다면 수긍할 수 있겠다. 그러나 우리는 언제 인문학이 따뜻한 밥을 먹어본 적이 있었는가? 비교하자면 인문학은 예전에도 찬밥이었다.' 김기덕, 〈한국사의 대중화 경향과 과제〉, 《중앙사론》제10 · 11합집, 중앙대학교 사학과, 1988, 722~724쪽.

'인문학의 위기' 라는 현상은 다분히 전 세계적인 흐름이고 우리의 경우 IMF 관리 체제를 겪으면서 더욱 문제가 심각해진 측면이 있다. 그러나 필자가 강조하고자 하는 것은 70, 80년대의 인문학 역시 경제 성장으로 인한 떡고물의 혜택을 입었을 뿐, 그때라고 우리 사회가 인문학의 가치를 제대로 인정해준 것은 아니라는 것이다. 따라서 그때에도 인문학의 홀시와 그 대응

책을 진지하게 제기했어야 한다. 그런 점에서 IMF 관리 체제를 맞게 된 원인에는 인문학의 가치를 사회에 제대로 전달하지 못한 인문학에도 일단의 책임이 있다. 지금은 IMF 관리 체제를 졸업했다지만, 아직도 인문학의 가치는 역시 존중되지 않고 있다. 인문학의 가치를 잘 밝히고 이 시대에 적합한 인문학의 내용을 충실히 채움으로써, 우리 사회가 정신적인 면과 물질적인 면이 균형잡힌 원칙 있는 사회가 되도록 하는 것이 이 시대 인문학의 소임일 것이다.

3 아마도 이러한 주장의 선구자는 미래학자 앨빈 토플러가 아닌가 한다. 그는 일찍이 농업혁명으로 인한 농업 사회의 전개를 제1의 물결, 산업혁명으로 인한 산업 사회의 전개를 제2의 물결, 정보혁명으로 인한 정보 사회의 전개를 제3의 물결이라 제시한 바 있다. 앨빈 토플러 저, 이규행 역, 《제3물결》, 〈한국경제신문사〉, 1989

4 강한섭, 〈인터넷의 신화와 현실〉, 《emerge 새천년》 2000년 2월호.

5 그 흐름을 '국제화'로 이름 붙일 것인가 '세계화'로 할 것인가 하는 것이 1993년 우리 사회의 화두였다. 처음에는 '국제화'로 모아졌으나 이후 '세계화'로 수렴되었다. 이 시기 필자는 역사적 입장에서 '국제화와 민족문화'의 문제를 다루어본 바 있다. 본 글의 문제의식의 기초를 형성하는 것이기도 하며, 사실상 필자가 파악하기로는 당시 국제화·세계화와 관련하여 우리의 전통문화의 문제를 가장 처음으로 천착해본 글이라는 점에서 나름의 연구사적 의의를 가지고 있다고 생각되어 소개해둔다. 김기덕, 〈국제화와 민족문화〉, 《국제화와 한국사회》, 나남출판, 1994

6 이케다 노부오 저, 이규원 역, 《인터넷자본주의혁명》, 거름, 2000, 100~101쪽.

7 이 점에 대해서는 영상제작업체 '다큐인'의 박성미 대표(현 서강대 영상대학원)에게서 시사받았음을 밝혀둔다. 그는 미국에서 열린 2000년 국제방송장비전에 참가하였는데, 새로운 방송장비보다도 그 현장에서 'Interactive'와 'Community'라고 제시된 인터넷의 화두가 보다 강력하게 각인되었다는 것을 전해주었다. 물론 그 표현들이 전혀 새로운 것은 아니다. 그러나 인터넷의 의미를 가장 선명하게 두 단어로 요약했다는 점에서, 필자는 그것을

인터넷의 키워드라고 표현하였다.

8 이것은 필자가 인터넷 관련 역사를 일별한 뒤에 파악해낸 특성이다. 필자가 과문한 탓에 혹시 이미 이러한 관점으로 인터넷 역사를 정리한 글이 있는지도 모르겠다.

9 최근 다시 MS사의 반독점법 위반 관련 소송이 난기류에 휩싸일 조짐이 보이고 있다. 미국 정부의 반독점 선봉장인 조엘 클라인 법무부 독점금지국장이 9월 말 전격 퇴임할 것을 선언했기 때문이다. 앞으로도 언급하겠지만, 이 시대의 흐름을 거스르면서 '독점'을 계속 유지하고자 하는 경제적·정치적 구태(舊態)는 여전히 강고하게 진행될 것이다. 클라인의 퇴임에는 대선을 앞둔 현 미국 정부의 계산, 그리고 MS사의 끈질긴 작전 등이 개입되었을 것이라는 기사가 2000년 9월 26일을 전후하여 각 일간 신문에 실린 바 있다.

10 현재 MS사는 '마이크로소프트닷넷'이라는 인터넷 제국 아래 모든 소프트웨어를 통합시키려는 야심찬 청사진을 전개하고 있다. 정말이지 MS사의 궤적만을 추적해도 이 시대의 역사 진행 방향을 이해할 수 있을 것으로 생각한다. 이때 분석의 핵심 코드는 어떠한 조건에서 '독점'이 가능해지며, 다시 어떠한 조건에서 '독점'이 무너지는가를 파악하는 것이 아닐까 한다.

〈보주〉 최근 MS사의 전개 과정은 앞에서 예상한 그대로 전개되고 있다. 따라서 운영체계만이 아니라 인터넷까지 포함한 모든 것을 통합한 윈도우XP의 출시와 그것의 시장 점유율은 대단히 중요하다. 현재까지는 예상보다 저조한 시장 점유율을 보이고 있는데, 다행이라고 할 수 있다. 한편 최근 기사를 보면 북한에서는 리눅스를 활용하여 국가정보화의 기본틀을 구축하고 있는데, 이는 북한 사회의 성격으로 보아 당연한 흐름이라고 할 수 있다.

11 대표적인 예로 2000년 5월 2일자 국내 각 신문에 보도된 워렌 버핏의 발언 요지는 다음과 같다. '인터넷은 미국 기업의 가치를 늘리기는커녕 오히려 줄이고 있다. 소비자들이 제품 가격을 쉽게 비교할 수 있도록 돕는 인터넷은 기업 마진을 줄이고 경쟁만 부채질하는 것으로, 자본가에게는 부정적 영향을 미칠 것이다.'

12 재미있는 것은 현재의 상황을 혁명적 전환으로 보는 사람이든, 아니면 지

나친 거품 상태로 보는 사람이든, 이 시대 최대의 수혜자는 바로 '인터넷 사용자'라고 보고 있다는 점이다. 아주 단순한 예로 인터넷상에서 제시되고 있는 그 수많은 무료 서비스를 생각해보라. 그 중 많은 것은 앞으로 유료화로 전환되겠지만, 기본적으로 인터넷 시대에서는 인터넷 사용자에 대한 아낌없는 배려와 서비스가 전제될 것이다. 이 또한 다수가 중시되는 사회 전환을 보여주는 시대 흐름의 반영인 것이다.

13 필자의 비교는 낡은 형식(독점 자본주의)과 새로운 형식(디지털 방식과 인터넷)의 위상이 동일하지 않다는 문제점을 갖고 있다. 그것은 두 가지로 생각할 수 있겠다. 하나는 앞에서 인용한 이케다 노부오의 논리를 차용한다면 '독점 자본주의'와 '인터넷 자본주의'로 비교할 수 있을 것이다. 그러면 같은 자본주의 안에서의 변화일지라도 위상은 맞게 된다. 물론 이 경우에는 '인터넷 자본주의'에 대한 심층적 검토가 필요할 것이다. 다른 하나는 인터넷은 형식 속의 또 형식일 뿐이고, 그 인터넷이라는 형식이 계기가 되어 어떤 다른 체제를 창출하게 되는 것이다. 그렇게 되면 자본주의와 또 다른 체제로 비교되면서 역시 같은 수준의 위상을 차지하게 된다. 물론 현재로서는 인터넷이 계기가 되어 창출하게 되는 또다른 체제에 대해서 아직 필자는 구체적인 내용을 제시할 수 없다. 이와 같이 필자의 도식화는 아직 애매한 문제점을 안고 있는 것은 사실이나, 필자가 주장하고자 하는 인터넷으로 인한 변화의 도식은 전달될 수 있으리라 생각한다.

14 섹스·폭력·도박은 어떠한 새로운 조건에서도 자신들의 논리를 관철하려고 하는 가장 대표적인 요소들이다. 흔히 이 셋을 사이버 세계의 3대 악(惡)이라고 한다. 이러한 사회악은 '개방·공유'의 특성을 갖는 인터넷이라는 새로운 조건에서 더욱 발 빠르게 움직인다. 그러나 이것들은 본질적으로 폐쇄적·일방적·독점적인 특성을 갖는 것이다. 기존의 독점 기업 또한 마찬가지다. 이 전환의 시대에 여전히 주도권은 독점 대기업의 차지가 되는 것처럼 보이기도 한다. 이처럼 '공유'라는 '새로운 내용'을 담보한 인터넷이라는 '새로운 형식'의 출현에도 불구하고 한동안은 기존의 '독점'이라는 '낡은 내용'이 인터넷이라는 '새로운 형식'에서 기승을 부림으로써, 사람들은 '새로운 형식과 내용'의 본질을 바로 깨닫지 못할 수도 있는 것

이다.

15 이러한 제현상을 대중민주주의의 구체적 실현 과정에서 발생한 것으로 보는 필자의 독해에 대해서는 보다 자세한 설명이 필요할 것이나, 그 작업은 다음 기회로 돌리고자 한다.

16 '인터넷 민주주의'나 '전자 민주주의'와 같은 담론들, 그리고 여성들의 적극적인 인터넷 참여 현상과 같은 것도 다 다수의 시대로의 구체적인 징표들이라고 할 수 있다.

〈보주〉 민주당 대통령 후보 노무현의 지지모임인 '노사모'의 주된 활동 근거가 인터넷이라는 점은 이미 잘 알려졌다. 앞으로 선거라는 장에서는 인터넷의 위력이 보다 점증될 것이다.

17 흔히 정보 사회에 대하여 가해지는 부정적인 비판들은 다음과 같다.

1. 정보화가 되면 감시와 통제가 확대되어 정보 사회는 하나의 거대한 원형 감옥으로 변할 것이다.

2. 정보화가 되면 전자 감시로 인하여 개인의 프라이버시가 침해당할 것이다.

3. 사이버 커뮤니티는 백인-남성 위주의 엘리트 공간일 뿐, 가난하고 주변화된 사람들은 거기에서 제외될 것이다.

4. 고도로 분절된 사적 공간들로 이루어진 사이버 커뮤니티는 사회적 원자화와 파편화를 더욱 심화시켜, 사람들을 사회 관계로부터 고립시킬 것이다. 즉 수많은 전문화된, 혹은 특화된 집단들이 자기들끼리만 의사소통을 하게 되어 지역 및 국가공동체를 파괴할 것이다. 그리하여 정보 사회에서는 수많은 전자 게토(electronic ghetto)들이 가득할 것이다.

5. 전자미디어 공간에서 제동장치를 상실한 공격욕과 쾌락추구 본능이 일종의 카리스마에 의해서 조직화되어 거대한 폭력장치로 확대될 위험성이 있다.

6. 인터넷은 인간의 사고로부터 반성성(反省性)을 점차로 빼앗아간다. 끊임없는 분열성 자체만 존재할 뿐 그런 분열성을 구심화하는 주체는 형성될 수 없기 때문이다.

이상은 다음의 글에서 인용하였다. 김성국, 〈사이버공동체 형성의 과제: 자유해방주의적 관점에서〉, 《인터넷과 사회현실》, 한국이론사회학회 세미나 발표집, 2000년 6월 10일.

지금 활발히 진행되고 있는 이러한 정보화 사회의 문제점에 대한 논쟁에 대하여 따로 필자의 견해를 일일이 언급할 필요는 없을 것이다. 필자의 기본적인 입장은 문제를 수반하지 않는 변화는 없다는 것이다. 앞으로 계속 드러날 수 있는 문제점을 해결해가면서 인터넷이라는 좋은 도구를 올바른 방향으로 살려나가자는 것이다.

18 이케다 노부오, 《앞의 책》 158~162쪽 참조.

19 국내 디지털 방송 시행 일정은 다음과 같다.

2000. 9.   시험 방송 시작.

2001. 9.   수도권 지역 본 방송 시작.

2002~2003. 케이블 TV, 라디오 방송 디지털화.

2005.   전국 방송 확대.

2010.   지금의 아날로그 방송 중단.

〈보주〉 2002년 3월 1일 디지털 위성방송 '스카이라이프'가 많은 우여곡절 끝에 본 방송을 시작했다. 그러나 관련법이 제대로 정비되지 못했고 양질의 콘텐츠도 부족하여 한마디로 '불안한 출발'이다. 앞으로 이에 대한 많은 논의와 개선이 있겠지만, 케이블 TV의 실패처럼 위성방송 또한 '황금알을 낳는 거위'에서 '계륵'으로 전락한다면 국가적 손실이 막대할 것이다. 위성방송의 올바른 진로에 대한 모색에 있어, 인문학자들의 참여와 역할도 중요한 사회적 책임이라고 생각한다. 한편 지상파 방송사들의 디지털 방송도 부분적으로 시작되고 있으나, 재원과 준비의 부족으로 아직까지는 기대에 미치지 못하고 있다.

20 실제 미국의 컴팩 같은 피시 업체들은 디지털 텔레비전이 피시의 기능을 대신하면 자사 제품이 안방에서 쫓겨날까봐 걱정하고 있다고 한다. (《한겨레신문》, 2000년 8월 31일 '꿈의 디지털 방송, 용꿈일까 개꿈일까')

21 〈보주〉 영상역사학의 범주를 설명한 부분은 본래의 글(2000년, 〈정보화시

대의 역사학〉: '영상역사학'을 제창한다〉〉에서는 있지 않은 것을 2002년에 발표한 필자의 글(〈역사가와 다큐멘터리〉, 《사학연구》 65)에서 보충한 것이다.

22 특히 2000년에 창립된 '문화사학회'가 그러한 작업에 적극적이다. 그 작업 결과는 학회지 《역사와 문화》에 반영되어 있다.

23 '전국역사교사모임'이 중심이 되어 영상역사물을 활용해서 CD 열 장으로 구성된 영상수업자료안을 개발하기도 하였다.

24 여기에 대해서는 1976년에 나온 책을 우리나라에서 1992년에 번역 출판한 다음 책을 참고하였다. 칼 하이더 저, 이문웅 역, 《영상인류학에의 초대》, 일신사, 1992.

〈보주〉 '영상인류학'과 관련된 좀더 자세한 검토는 본 책에 수록된 이문웅 교수의 '영상인류학'을 참조할 수 있다.

25 조사에 협조해주신 문화재연구소 예능민속실 김덕묵 · 서성우 두 분께 지면을 통해 감사드린다.

〈보주〉 역시 '영상민속학'과 관련된 보다 자세한 검토는 본 책에 수록된 김 덕묵 선생의 '영상민속학'을 참조할 수 있다.

26 http://www.kcf.or.kr

27 〈보주〉 역시 이 점에 대한 자세한 검토는 본 책에 수록된 '영상고고학'과 '영상사회학'의 글을 참조할 수 있다.

28 영상기록의 가치와 중요성은 다음의 발표에서 처음 언급된 바 있다. 박경하, 〈향토사와 영상매체 활용방안〉, 《21세기 정보화시대와 향토사연구》(제 13회 한국향토사연구 전국학술대회), 1999.

29 KBS 역사 다큐멘터리가 '역사스페셜'만 있는 것이 아니다. 그 목록을 정리해내는 것만도 간단치 않을 정도의 많은 양의 다큐멘터리가 있다. KBS보다는 제작 편수가 적지만 다른 방송에서도 역시 역사 다큐멘터리가 만들어지고 있다. 역사 다큐멘터리를 포함하여 우리나라의 경우 현재 '다큐멘터리 방송 연보'조차 작성되어 있지 않다. 정확한 방송 현황을 보여주는 연보 작성부터 시급히 조사되어야 할 것이다.

30 현실이 이렇게 전개된 원인에 대한 분석도 필요하며, 전문가의 참가 방식

이나 제대로 된 시스템의 구축 등 다큐멘터리에 대한 세세한 검토는 적은 지면으로 분석될 수 있는 것이 아니다. 앞에서 언급했듯이 이러한 점은 별고를 통해서 밝힐 예정이다. 여기에서는 일단 다큐멘터리의 영역도 당연히 영상자료의 문제이며, 따라서 어느 것을 찍을 것인가에 대한 궁극적인 판단도 역사가의 몫이요 책무임을 지적하는 것으로 그치고자 한다.

〈보주〉 최근 필자는 다음의 주 31에 제시된 바와 같이 다큐멘터리를 분석
하는 글을 발표하였다.

31 〈보주〉 처음 이 글을 작성할 때 필자는 '영상기록'의 문제와 함께, 여러 '영상역사물' 가운데 비교적 역사기록의 의미를 갖는 '다큐멘터리'에 치중하여 논지를 전개하였다. 지금 생각하면 사실에 기초한 다큐멘터리와 가상의 상상력을 허용하는 TV 사극이나 영화를 구분한 뒤, 영상역사학의 주된 범주를 1차적으로 영상기록과 다큐멘터리에 설정하는 다소 편협한 이해를 가졌다. 그 결과 이 글을 발표할 당시에는 영상역사학의 문제에 있어, 영상 기록과 역사 다큐멘터리의 측면만을 언급하였다.

그러나 역사의식의 측면으로 확장하면 허구의 상상력이 개재되는 TV 사극이나 영화도 당연히 영상 역사학의 범주가 된다. 그 결과 본 글에서는 앞에서 밝혔듯이 '영상역사학의 범주'를 새롭게 정리하여 추가하였다. 그리고 필자는 지난 2년 동안 다큐멘터리와 사극에 대한 본격적인 검토를 시도하였다. 본 글에서는 자세히 다루지 못했지만, 필자의 관련 글을 제시해둔다. 〈역사가와 다큐멘터리―'역사스페셜'의 사례를 중심으로〉,《사학연구》65, 2002 ; 〈TV 사극의 열풍과 사회적 영향〉,《역사와 문화》5, 2002.

32 〈보주〉 앞에서 언급했듯이, 본래 본 글을 쓸 당시에는 영상역사학의 주된 범주를 다큐멘터리로 설정했었다. 따라서 (1)에서 언급하는 내용들은 일정한 한계가 있다.

33 이 표는 다음의 글에서 제시된 것을 필자 나름대로 재구성하여 표현해본 것이다. 윤호진, 〈드라마 다큐멘터리의 '사실', '재구성' 측면과 장르 혼합적 특성에 대한 비판적 고찰〉,《성균관대 석사학위 논문》, 성균관대 대학원, 1993.

34 여기에 대해서는 다음의 글을 참고하였다. 황우섭, 〈드라마 다큐멘터리의

형식에 관한 연구》,《서강대 석사학위 논문》, 서강대학교 공공정책연구원,
1996.

35 1999년 한국영상문화학회가 창립되면서 발간한 다음의 책이 그 대표적인
것이 될 것이다.《이미지는 어떻게 살고 있는가》, 생각의나무, 1999 ;《영
상문화》, 생각의나무, 2000. 현재 영상 이미지에 대한 탐구는 다양한 부분
에서 활발하게 진행되고 있다.

36 문서기록과 동영상기록 사이에는 음성기록(녹음 · 채록), 사진, CD롬 형태
의 정지 화상 등 다양한 종류가 있다. 필자가 강조하는 것은 동영상자료이
지만, 과도기에 해당하는 이러한 자료들도 정리될 필요가 있을 것이다.
〈보주〉 다소 자세한 목록이 본 책의 '영상민속학'에서 제시되고 있다.

37 〈보주〉 이 문제는 결국 '영상 아카이브'의 구축과 관련된다. 이와 관련하여
현재 필자는 '인문사회연구회' 프로젝트의 일환으로 〈인문학관련 영상자
료 실태조사 및 '인문학영상아카이브' 구축방안〉에 관한 연구를 수행 중에
있다.

38 영상시민운동이라고 할 수 있는 퍼블릭 억세스 운동의 일환으로 전개되는
것이지만, 최근에는 서울시의 각 구청에서 영상촬영 및 편집에 대한 교육
을 무료로 시행하고 있다.
〈보주〉 미디어교육 전반에 대해서는 다음의 보고서에 자세히 조사되어 있
      어 참고가 된다.《국내(서울 지역) 미디어 교육현황》(영상미디어센
      터, 2002년 5월)

39 실제로 연구자 개인이 자신이 필요하다고 생각하는 영상기록화 작업을 구
체적으로 어떻게 수행하며, 그 과정에서 현재 어떠한 기술적 문제가 있는
가를 세밀하게 검토할 필요가 있을 것이다. 특히 영상기록화 작업의 마무
리이자 가장 어려운 부분에 해당하는 편집 작업은 새로운 디지털 기술의
빠른 진보로 인해 현재 그 변화 속도가 대단히 급속히 진행되고 있다. 필자
의 경험을 바탕으로 영상기록화 작업의 개인적 수행에 대한 자세한 전개
과정 또한 별고로 다루어보고자 한다.

40 〈보주〉 이제 역사학 분야에서도 '콘텐츠'의 문제는 많이 제기되고 있으나,
아직 정식 글이나 발표로 공식화된 것은 없다. 2002년 8월 역사학회 창립

50주년 기념 역사학 국제회의 패널로 예정되어 있는 다음의 발표를 소개해 둔다.

주제 : 역사학의 활용과 문화콘텐츠

1. 역사학관련 역사문화 콘텐츠의 현황과 과제(김기덕)
2. 한국 역사자료의 디지털화—현황과 과제(이남희)
3. 조선왕조실록 표점본 전산화 사례(이순구)
4. 영상 역사자료의 창출과 콘텐츠 활용 방안(박성미)

[41] 문화재연구소 서성우 선생에게서 들은 얘기다.

[42] 문서기록에 대한 정보화 과정에 대한 논의 중 현재의 구체적 진행 과정을 잘 제시하고 있는 가장 최근의 것 하나를 제시해둔다. 한상구, 〈한국역사 정보화의 방향과 과제〉, 《제43회 전국역사학대회 발표논문집》, 2000. 5.

〈보주〉최근 국가 정보화 사업의 일환으로 추진되는〈한국역사정보화사업〉에 대한 1차년도 종합평가보고서도 나왔다(〈한국역사정보통합시스템 평가보고서〉, 2001. 9.). 그리고 2차년도에는 역사정보화 사업을 어떻게 추진하는 것이 바람직한 것인지에 대한 한국역사정보화전략계획(ISP)도 수립되었다. 앞으로도 계속 기존 문서자료의 바람직한 데이터베이스의 구축 방안에 대한 검토는 꾸준히 시도되어야 할 것이다.

2. 영상민속학

[1] 김기덕, 〈정보화시대의 역사학 : '영상역사학을 제창한다'〉, 《역사교육》제 75집, 역사교육연구회, 2000, 127쪽

[2] 장철수, 〈사진으로 본 시흥의 역사〉, 《시흥의 역사와 행정》, 시흥시, 1996.

[3] 그동안 인류학계의 경우는 영상인류학으로의 진입을 알리는 번역서나 몇 편의 논문이 나왔으나 민속학계의 경우는 영상자료의 중요성을 인식하면서 도 아직까지 이렇다 할 논문이 나오지 못한 실정이다.

[4] 이 글에서 '영상민속지'라 함은 민속학에서 민속관련 조사보고서나 연구서를 '민속지'라고 하는 것에 대비하여 민속관련 영상자료를 지칭하도록 한다.

5 필자는 1998년 2월 말에 강원도 영월군, 평창군, 정선군의 일부지역에서 동 제를 조사할 때 캠코더를 이용했다.

6 강득희 외, 〈서울역의 생활문화에 대한 영상인류학적 접근〉, 《제29차 문화 인류학회 발표논문집》, 1997, 173쪽에서 재인용.

7 〈경향신문사〉, 〈'기록의 장인' 천승요 씨〉, 《뉴스메이커》 제15호, 1993. 1. 5., 63쪽

8 자료관이 여러 개 있으면 예산이 중복 투자될 수 있다는 이유로 통합화를 주장하는 사람도 있으나 필자는 유사하다고 할지라도 다양한 것이 좋다고 생각한다. 민속 조사가 정부 기관이나 각 대학, 연구소 등 다양한 단체에서 조사되고 자료가 축적되듯이 영상자료도 다양한 단체에서 기록되고 수집되 는 것이 바람직하다. 어떤 기관에 획일화되어 있다면 그 기관의 내부 사정 에 의해서 조사 사업이 좌지우지될 수 있으며, 조사 대상도 그 기관에서 선 택한 것에만 한정될 것이다. 전국적으로 방대한 민속을 여러 기관에서 다양 한 시각과 방법으로 영상자료화해간다면 자료의 층위는 그만큼 다층적으로 두텁게 쌓여갈 것이다.

9 무형문화재 기록화 사업 때 이러한 현상은 여러 분야에서 지적되고 있다.

10 모든 장면이 촬영되어 있다는 것은 편집할 수 있는 기초 자료가 충분히 쌓 여 있음을 의미한다.

11 '아카이브 천'(민속관련 영상자료 제작 일을 함)의 대표.

12 1995년도부터 1999년도까지의 기록화 사업 목록.

13 칼 하이더, 이문웅 역, 《영상인류학에의 초대》, 일신사, 1992, 191쪽.

14 이문웅, 〈인류학 교육에서의 영상자료의 이용〉, 《제29차 한국문화인류학회 학술대회 논문집》, 1997, 166쪽

15 이들 기관의 소장 자료 목록은 한국영상자료원, 1997, 《공연영상자료목록》 을 참고 바람. 영상자료원에서 자료 목록집을 내면서 "이번 목록에 전국의 문화예술단체에서 가지고 있는 공연영상물 전부를 조사하여 수록하고 싶 었지만 작업 자체가 너무 방대하여 전부 정리할 수 없었다"라고 하는 영상 자료원 측의 설명을 참고하여 여기에서 나열한 곳 외에도 많은 단체에서 영상자료가 산재되어 있음을 밝혀둔다.

16 한국문화예술진흥원 예술자료관,《영상자료목록집》VII, 1996.

　한국문화예술진흥원 예술자료관,《영상자료목록집》VIII, 1998.

17 예능민속실의 활동과 소장 영상자료와 관련하여서는 문화재청,《문화재연감》(2000)과 한국영상자료원,《공연영상자료목록》(1997)을 참고 바람.

18 이제는 전국의 문화원이 거듭 태어나야 할 시기다. 문화원이 그 지역의 민속 발굴과 문화적인 정체성 확립에 적극적으로 개입해야 한다. 그러나 현실적으로 많은 제약이 있다. 우선은 문화원의 위상이나 예산상의 문제, 문화원 근무 요원들의 전문성이나 자질 문제 등을 들 수 있다. 현재 문화원은 비영리기관으로 법인으로 등록되어 있고, 시비(市費)나 국비(國費)의 보조를 받고 있으며, 지역 유지를 중심으로 한 이사들의 회비가 예산으로 충당된다. 대부분의 문화원 근무 인원은 원장 한 명과 사무국장 한 명, 여직원 한 명이 있으며, 원외에는 여러 명의 이사가 있다. 지역문화의 발전을 위해 문화원이 중요한 역할을 해야 할 이때에 문화원을 준국가기관화하는 방안과, 근무 인원도 민속학을 전공한 자를 한 명 정도 더 충원하는 방안이 고려되어야 한다. 또한 민속학계나 문화재청과 각 문화원들이 긴밀한 협조 관계를 가지고 민속 조사나 지역문화 정책에 대해서 함께 고민하고 대안이나 정보를 서로 교류할 수 있는 장이 자주 마련되어야 한다.

■ 참고 문헌

김기덕, 〈정보화시대의 역사학 : 영상역사학을 제창한다〉,《역사교육》제75집, 역사교육연구회, 2000.

강득희 외, 〈서울역의 생활문화에 대한 영상인류학적 접근〉,《제29차 한국문화인류학회 전국학술대회 논문집》, 1997.

경향신문사, 〈'기록의 장인' 천승요 씨〉,《뉴스메이커》제15호, 1993. 1. 5.

이문웅, 〈인류학 교육에서의 영상자료의 이용〉,《제29차 한국문화인류학회 전국학술대회 논문집》, 1997.

문화재청,《문화재연감》, 2000.

장철수, 〈사진으로 본 시흥의 역사〉,《시흥의 역사와 행정》, 시흥시, 1996.

칼 하이더, 이문웅 역,《영상인류학에의 초대》, 일신사, 1992.

한국영상자료원, 《공연영상자료목록》, 1997.

한국문화예술진흥원 예술자료관, 《영상자료목록집 Ⅶ》, 1996.

한국문화예술진흥원 예술자료관, 《영상자료목록집 Ⅷ》, 1998.

KBS영상사업단, 《KBS 비디오가이드》, 2000.

3. 영상사회학

1 영상사회학에서 '영상'이란 영어의 'visual'을 번역한 것인데, 논자에 따라서는 이를 '시각'으로, 따라서 Visual Sociology를 시각사회학이라 번역하기도 한다. 우리말에서는 사진, 영화, 텔레비전, 컴퓨터 영상 등을 의미하는 '영상'이라는 용어보다는 '시각'이라는 용어가 훨씬 그 범위가 포괄적이다. Visual Anthropology가 영상인류학으로, Visual Communication이 영상커뮤니케이션으로 번역, 통용되고 있어서 논의의 혼란을 방지하기 위하여 Visual Sociology를 영상사회학으로 쓰고자 한다. 그러나 'visual'이라는 용어를 언제나 '영상'으로 번역하는 것이 적절한 것은 아니므로, 맥락에 따라서 '영상(적)' 또는 '시각(적)'으로 번역하고자 한다.

2 F. Blackmar (1897) 'The Smoky Pilgrims', AJS 2 : 485~500.

3 다음과 같은 논문들이 AJS에 발표되었다고 한다.

D. Moor (1897) 'A Day at Hull House', AJS 2 : 629~641.

C. Zueblin (1898) 'Municipal Playground in Chicago', AJS 4 : 144~158.

S. American (1898a) 'The Movement for Small Playgrounds', AJS 4 : 159~170.

───── (1898b) 'The Movement for Vacation Schools', AJS 4 : 309~325.

O. J. Milliken (1898) 'Chicago's Vacation Schools', AJS 4 : 289~308.

G. E. Vincent (1898) 'A Retarded Frontier', AJS 4 : 1~20.

4 프린트를 거칠게 조작했고, 초상 사진과 같은 포즈를 취하게 했으며, 일관성이 없는 '사전-사후'의 사진들과 맥락 없는 사진들, 조야한 기술로 만든 이미지들을 제시하는 등 '사진이 어떻게 거짓말을 할 수 있는가'라는 책을 만든다면 좋은 사례가 될 것들이라고 한다.

5 이들은 영상에 관심을 가지고 있던 연구자들의 50퍼센트를 차지했다고 한다.

6 George Simmel (1950), 'The Metropolis and Mental life', Wolff(1950) *The Sociology of George Simmel*, New York : Free Press, pp. 409~424.

7 Daniel Bell (1976) *The Cultural Contradictions of Capitalism*, New York : Basic Books.

8 스타츠의 연구를 통해서 밝혀진 바와 같이, *AJS*의 주도권이 행태주의자들에게 넘어가자 그 학회지에서 사진이 사라졌다는 것은 다소 아이러니라고 보고 있다.

9 사회이론 일반의 무관심에도 불구하고, 몸과 그 표현, 그리고 그에 대한 시각적 묘사에 관해 지속적으로 주목해온 엘리아스, 고프만 같은 연구자들이 있었지만, 그들은 사회학 안에서 주변적이었다는 것이다.

10 Deborah Barndt (1974) *Toward a Visual Study of Society*. East Lancing, College of Social Sciences, Michian State University.[Technical Report].

Leonard Henny (1978) *Film and Video in Sociology*. Utrecht : University of Utrecht.

Barbara Rosenblum (1978) *Photographers at Work*. New York: Holmes and Meyer.

Jon Wagner (1979) *Images of Information : Still Photography in the Social Sciences*. Berverly Hills : Sage Publications.

11 A. Blumenstiel, C. Hecht, A. Stasz-Stoll의 편집으로 보스턴 대학에서 출판되었다.

12 1978년 웁살라, 1982년 멕시코시티, 1986년 뉴델리 등의 세계사회학대회에서 영상사회학 분과가 개최되었다.

13 IVSA의 회원은 이 저널을 회원의 권리의 일부로 받았지만, 이 저널은 또한 IVSA와는 별도로 구독신청을 받을 수 있었다(Henny, 1983 : 4). 이 저널 첫 호인 1983년 여름호는 David Arnold와 Leonard Henny의 편집으로 네덜란드의 University of Utrecht의 Center for International Media Research에서 발간되었고, 독일 괴팅겐의 edition herodot에서 출판되었다. 그 다음

호인 1984년 1호부터는 다른 여러 편집자들과 더불어 헨리가 편집장으로서 작업을 하고, 괴팅겐에 본부를 두고 있던 International Association for Scientific Communication에서 편집을, edition herodot에서 출판하였다.

14 영상사회학자들에게 중요한 영향을 미친 영상인류학자들의 작업 중 대표적인 것으로는 문화 연구의 광범위한 영역에 있어서 영상민족지의 가능성을 보여준 Bateson과 Mead의 고전적인 저작인 《Balinese Character》(1942)와 Jr John Collier의 방법론에 관한 저작인 《Visual Anthropology : Photography as a Research Method》(1967)(2판인 1986년 판은 Malcom Collier와 공저임)를 들 수 있을 것이다.

15 Carole Campbell (1983) 'Taking a Picture : Sociology and Photography'
George C. Lewis (1983) 'Imaging Society : Visual Sociology in Focus'
Rolf Kjolseth (1983) 'Evidence and Imagination : Photography in Enquiry'
Julien Biere (1983) 'The Use of Tape-Slide Productions as 'basic-media' in Visual Sociology and in Political Education.
Wayne Wheeler (1983) 'Man, Nature and Society in Western(Frontier) Art'

16 Anthony Synnott (1983) 'The Presentation of Gender in Advertising : the Case of The New York Times, 1983'
Arthur Asa Berger (1983) 'Decoding Smifnoff's 'Glee-Club' ad, a case Study'
Katrien Mulder, Emmy Scheele (1983) ' If Males were Photographed like Females'

17 Leonard Henny, Timothy Curry (1984) 'Report on the First International Conference on Visual Sociology in Windsor, Canada, August 1983'. International Journal of Visual Sociology 2(1) : 7~12.

18 사진 분석의 사회학적 방법을 위해 게슈탈트 이론을 참조한 Signorile의 연구, 롤랑 바르트의 '스튜디움'과 '푼크툼'의 구분을 활용해서 사진을 분석, 해석한 Silvers와 Trussler의 해석학적 연구, 시장의 힘(갤러리)과 포토저널

의 영향력을 분석하면서 사진이 예술인가를 둘러싼 오랜 질문을 새롭게 조명한 Gary Bowden의 연구. Leonard Henny의 시청각 커뮤니케이션 사회학의 조사 연구의 일환으로서 각 국가의 텔레비전 뉴스의 이데올로기적 내용에 대한 비교연구, Timothy Curry의 영상사회학의 예술적 위상에 관한 역사적 개관 등이라고 한다.

¹⁹ 전 세계 여러 곳에서 '공동체 인식'의 산출 과정에서 영상사회학자들이 시청각 매체를 매우 유사한 방식으로 사용하는 것을 보여주는 발표들. 인도네시아, 중국, 인도 등에서 진행된 공동체의 발전을 목적으로 한 유엔 프로젝트에서의 마을 네트워크 형성에, 유럽의 평화운동에서의 동원 과정에, 지방 소도시의 지역문화 재생 등등에 있어서 영상매체가 어떤 역할을 할 수 있는지를 보여준 연구 발표들. 영상사회학자의 이데올로기적 시각이 상당히 다를지라도, 공동체의 복리를 위한 토론을 활성화시키는 수단으로서의 시청각물의 생산 · 배급 · 소비의 과정은 유사한 유형을 따른다는 것을 보여주었다고 한다.

²⁰ Michael R. Hill (1984) *Exploring Visual Sociology and the Sociology of the Visual Arts*, Monticelli, Vance Bibliographics : 6~7.

²¹ 과학적 양식에 해당되는 연구로 다음과 같은 것들을 언급하고 있다.(Harper, 1988 : 61~63)

Buechel Anderson and Doll (1976) *Crying for A Vision : A Rosebud Sioux Trilogy 1886-1976*. New York : Mogan and Morgan.

John Collier and Malcolm Collier, (1986) *Visual Anthropology : Photography as a Research Method*. Revised and Expanded Edition. Albuquerque : University of New Mexico Press.

William Farr (1984) *The Reservation Blackfeet : A Photographic History of Cultural Survival*. Seattle : University of Washington Press.

Bill Ganzel (1984) *Dust Bowl Descent*. Lincoln : University of Nebraska Press.

Douglas Harper (1987) 'Aerial Photographs as Social Landscapes'. Paper presented at the meetings of the IVSA. Omaha, Nebraska.

Mead and Bateson (1942) *Balinese Character*. New York : New York Academy of Sciences.

Jon Rieger (1987) 'Photographic Approaches to the Documentation of Social Change'. Paper presented at the meetings of the IVSA. Omaha, Nebraska.

Garry Rogers (1982) *Then and Now : A Photographic History of Vegetation Change in the Central Great Basin*. Salt Lake City : University of Utah Press.

William H. Whyte (1980) *The Social Life of Small Urban Spaces*. New York : Conversation Foundation.

22 극영화와 유사하게 문제를 해결해가는 주요 인물들이 있을 수 있으며, 이들의 행동을 통해서 시간의 경과를 보여줄 수 있다. 서사가 민족지적이기 위해서는 사건들은 하나의 문화 속에서 자연스럽게 일어나는 것과 같이 전개되어야만 한다.

서사적 양식에 해당하는 연구로는 다음과 같은 것들이 있다고 한다.(Harper,1988 :63~64)

John Berger and Jean Mohr (1982) *Another Way of Telling*. New York : Pantheon.

Carl Couch (1986) *Researching Social Process in the Laboratory*. Greenwich CT : Jai Press.

Douglas Harper (1982) *Good Company*. University of Chicago Press.

———— (1987) 'The Visual Ethnographic Narrative'. *Visual Anthropology*, 1 : 1~19.

Eugene Richards and Dorothy Lynch (1986) *Exploding into Life*. New York : Aperture.

Eugene Smith and Ailene (1975) Minamata. New York : Holt, Rinehart Winston.

23 사진 유도법은 John Collier(1967)에 의해 주요 조사방법론으로서 제시되었다. 막스 베버의 '이해(verstehen)' 개념에 근거해 연구 대상자의 관점에

관심을 두는 이 사진 유도적 인터뷰 방식은 문화적 정의의 발견과 범주화에 목적을 두고 있는 거의 모든 조사에 이용될 수 있는 가장 유망한 영상사회학의 영역이라고 하퍼는 보고 있다. 이러한 방법론을 활용해 작업한 조사연구들로는 다음과 같은 것들을 들고 있다.(Harper, 1988 : 64~66)

Ximena Bunster (1978) 'Talking Pictures : A Study of Proletarian Mothers in Lima, Peru'. Studies in the Anthropology of Visual Communication, 5 : 37~55.

Timothy Curry (1986) 'A Visual Method of Studying Sports : The Photo-elicitation Interview. Sociology of Sport Journal, 3 : 204~216.

Douglas Harper (1987) Working Knowledge : Skill and Community in a Small Shop. Chicago : University of Chicago Press.

24 Roland Barthes (1986) pp. 31~32 참조.

25 이러한 접근을 한 연구로는 다음과 같은 것들이 있다고 한다.

George Psathas (1985) 'Copley Square'. paper presented at the Eastern Sociological Meetings. New York.

Larry Sultan (1986) 'Reflections on a Home Movie'. Aperture, 103 : 32 ~39.

26 Charles Sanders Peirce, William James에 의해서 시작되고, 초기 시카고 대학을 중심으로 John Dewey와 George Herbert Mead에 의해서 체계화된 미국 실용주의의 핵심을 그레디는 Peirce의 'pragmatic maxim'(어떤 행동이나 사건의 의미는 선행 사건이나 목적에 의해서 결정되기보다는 그 결과 속에서 찾을 수 있다)에서 찾고 있다.

27 다음과 같은 연구들이 이에 속한다고 한다.

James Gibson (1979) The Ecological Approach to Visual Perception. Boston : Houghton Mifflin.

Jeff Coulter and E. D. Parsons (1991) 'The Praxiology of Perception : Visual Orientations and Practical Action'. Inquiry 33 : 251~272.

28 Jerome Singer (1968) The Inner World of Day Dreaming. New York : Harper and Row.

[29] John Caughey (1984) *Imaginary Worlds*. Philadelphia : Temple University Press.

[30] Mihaly Csikzentmihalyi and Eugene Rochberg-Halton(1981) *The Meaning of Things*. New York : Cambridge University Press.

Richard Chalfen (1987) *Snapshot Versions of Life*. Bowling Green, Ohio : Bowling Green State University Press.

[31] Stephen Fox (1984) *The Mirror Makers*. New York : Morrow

[32] Erik Barnouw (1978) The Sponsor. New York : Oxford University Press.

James L. Baughman (1992) *The Republic of Mass Culture*. Baltimore : Johns Hopkins University Press.

Edwin Diamond (1975) *The Tin Kazoo*. Cambridge : MIT Press.

─────── (1975) *Good News, Bad News. Cambridge* : MIT Press.

Todd Gitlin (1983) *Inside Prime Time*. New York : Pantheon.

Ian Jarvie (1970) *Movies and Society*. New York : Basic Books

[33] Herbert Blumer (1933) *Movies and Conduct*. New York : Macmillan.

James Lull (1990) *Inside Family Viewing*. New York : Routledge.

[34] Howard Becker (1982) *Art Worlds*. Berkeley : University of California Press.

[35] 이에 관한 연구들로는 다음과 같이 사회학은 물론 지리학, 정치학, 통계학 및 그래픽 디자인 연구자들의 작업이 있다고 한다.

William S. Cleveland (1993) *Visualizing Data*. Murray Hill, New Jersey : AT&T Bell Laboratories.

Gary Henry (1995) *Graphing Data*. Thousand Oaks, CA : Sage

Armin K. Lobeck (1993) *Things Maps Don't Tell Us*. Chicago : University of Chicago Press.

Mark Monmonier (1991) *How to Lie With Maps*. Chicago : University of Chicago Press.

─────── (1993) *Mapping It Out*. Chicago : University of Chicago Press.

Edward Tufte (1983) *The Visual Display of Quantitative Information*. Cheshire, Conneticut : Graphics Press.

─────── (1990) *Envisioning Information*. Cheshire, Conneticut : Graphics Press.

Wallgren et al. (1996) *Graphing Statistics and Data*. Newbury Park, CA : Sage.

Grady가 언급한 위와 같은 사회과학에 관한 사회과학자들의 연구들 이외에도 자연과학을 포함한 과학적 개념의 시각화에 관한 사회학자들의 다음과 같은 연구도 있다. Michael Lynch and Samuel Y. Edgerton Jr.(1988) 'Aethetics and Digital Image Processing : Representational Craft in Contemporary Astronomy'. Gordon Fyfe and John Law(eds) *Picturing Power : Visual Depiction and Social Relations*. Sociological Review Monograph 35. London : Routledge. 184~220.

36 Ervin Zube (1979) 'Pedestrians and Wind', Jon Wagner(ed.) *Image of Information*. Beverly Hills : Sage. 69~84.

William H. Whyte (1988) *The City : Rediscovering the Center*. New York : Doubleday.

Ray Birdwhistell (1970) *Kinetics and Context*. Philadelphia : University of Pennsylvania Press.

Gregory Bateson and Margaret Mead (1942) *Balinese Character*. New York : New York Academy of Sciences.

John Collier (1967) *Visual Anthropology : Photography as a Research Method*. New York : Holt Rinehart and Winston.

37 Douglas Harper, (1987) *Working Knowledge : Skill and Community in a Small Shop*. Chicago : University of Chicago Press.

Steve Cold (1991) 'Ethnic Boundaries and Ethnic Entrepreneurs : A Photo-elicitation Study'. Visual Sociology 6(2) : 9~22.

38 Jim Ault (1987) *Born Again*. New York : James Ault Films.

Bruce Jackson (1979) *Death Row*. Buffalo : Documentary Research.

Michael Loukinen (1983) *Traditional Bearers*. Marquette, MI : UP North Films.

———— (1984) *Finnish-American Lives*. Marquette, MI : UP North Films.

———— (1987) *Good Man in the Woods*. Marquette, MI : UP North Films.

———— (1991) *Medicine Fiddle*. Marquette, MI : UP North Films.

Richard Broadman and John Grady (1979) *Mission Hill and the Miracle of Boston*. Boston : Cine Research Associates.

———— (1982) *Down the Projects : The Crisis of Public Housing*. Boston : Cine Research Associates.

———— (1983) *Water and the Dream of the Engineers*. Boston : Cine Research Associates.

———— (1986) *The Collective : Fifteen Years Later*. Boston : Cine Research Associates.

———— (1987) *Love Stories : Women, Men and Romance*. Boston : Cine Research Associates.

John Grady (1990) *Home Care*. Boston : Cine Research Associates.

———— (1995) *Just a Fight*. Boston : Cine Research Associates.

[39] Douglas Harper (1982) *Good Company*. Chicago : University of Chicago Press.

Phyllis Ewen (1979) 'The Beauty Ritual'. J. Wagner (ed.) *Images of Information*. Beverly Hills, California : Sage. 43~58.

Bill Aron (1979) 'A Disappearing Community'. J. Wagner (ed.) *Images of Information*. Beverly Hills, California : Sage. 59~68.

Bruce Jackson (1977) *Killing Time : Life in the Arkansas Penitentiary*. Ithaca : Cornell University Press.

Bruce Jackson and Diane Christian (1980) *Death Row*. Boston : Beacon Press.

Dona Schwartz (1992) *Waucoma Twilight.* Washington, D. C. : Smithsonian.

Janice Rogovin, Diane Rogovin and John Grady (1988) *Let Me Tell You Where I've Been.* Boston : Clive Press.

[40] Timothy Curry and Alfred Clarke (1983) *Introducing Visual Sociology.* Dubuque : Kendall/Hunt.

Diane Papademas (1993) 'Visual Sociology : Syllabi'. *Teaching Resources Project.* Washington, D.C. : American Sociological Association.

Jon Wagner (ed.) (1979) *Images of Information.* Beverly Hills, CA : Sage.

[41] Jean Kilbourne (1979) *Killing Us Softly.* Cambridge : Cambridge Documentary Films.

Sut Jhally (1991) *Dream Worlds.* Northampton, MA : Media Education Foundation.

Richard Chalfen (1987) *Snapshot Versions of Life.* Bowling Green, Ohio : Bowling Green State University Press.

──────── (1991) *Turning Leaves : the Photographic Collections of Two Japanese American Families.* Albuquerque : New Mexico University Press.

Graham King (1984) *Say "Cheese"! Looking at Snapshots in a New Way.* New York : Dodd, Mead and Company.

Michael Lesy (1980) *The Meaning of Family Pictures.* New York : Pantheon.

James Deetz (1977) *In Small Things Forgotten : The Archeology of Early American Life.* Garden City, N.Y. : Doubleday.

J. Richardson and A. L. Kroeber (1940) "Three Centuries of Women's Dress Fashions : A Quantitative Analysis". Anthropological Records 5(2) : 111~153.

D. E. Robinson (1976) 'Fashions in the Shaving and the Trimming of the

Beard : The Men of the Illustrated London News, 1842-1972'. American Journal of Sociology 81 (5) : 1133~1141.

Wayne Mellinger (1992) 'Representing Blackness in the White Imagination : Images of Happy Darkeys' in Popular Culture, 1893-1917'. Visual Sociology 7 (2) : 3~21.

Goffman (1979) *Gender Advertisements*. London : Macmillan.

William O' Barr (1994) *Culture and the Ad*. Boulder, CO : Westview.

Stephen Papson (1985) 'The Fantasy of the Stranger in Women's Advertising'. International Journal of Visual Sociology 2 : 57~73.

Judith Williamson (1978) *Decoding Advertisements : Ideology and Meaning in Advertising*. London : Marion Boyars.

[42] Bill Nichols (1991) *Representing Reality*. Bloomington : Indiana University Press.

John Weakland, (1984) 'Feature Films as Cultural Documents'. Paul Hocking (ed.) *Principles of Visual Anthropology*. New York : Mouton. 45~68.

Ian Jarvie (1987) *The Philosophy of Film*. New York : Routledge.

[43] 필자는 1994년 이 강좌를 기획하는 과정에서부터 TF로 참여하여 이 강좌를 함께 진행함으로써 강좌 진행 내용을 자세히 알고 있다.

[44] 예를 들자면, 도시빈민, 철거, 재개발이라는 주제에 관해서는 문헌 연구 교재로는 허석렬(1983) 〈도시 무허가 정착지의 고용구조〉, 《한국사회연구》 제1집 ; 장세훈(1988) 〈도시화, 국가, 그리고 도시빈민〉, 《한국사회사연구회 논문집》 제14집을, 영상연구로는 〈상계동 올림픽〉과 그 감독인 푸른영상의 김동원 감독을 초청하여 특강을 하였고, 농민 건강과 보건 의료 실태에 관해서는 문헌 연구 교재로는 한국농어촌사회연구소(1993) 《농민 건강과 보건 의료》, 한울 ; 영상연구로는 〈농민건강과 의료현실〉(김현숙 기획, 이정욱 연출, 한국농어촌사회연구소 제작)을 상영하였다.

[45] 수강생 9명이 3조로 나뉘어 〈산학협동, 대학의 장밋빛 미래?〉, 〈무너지는 공업고등학교 교육〉, 〈94년 남한에서의 반핵운동〉이라는 주제로 다큐멘터

리를 제작하였다.

46 1998년부터는 중간 과제의 주제가 보다 다양해졌다. 가족사진의 사회사적
분석만이 아니라, 서울대의 영상 재현물들을 통해서 보는 서울대의 정체성
에 관한 분석, 애국가의 영상 재현 속의 전경(landscape)과 민족 정체성과
의 연관에 관한 연구, 광고 속의 남성성/여성성에 관한 분석, 외국인, 그 타
자의 이미지, 사이버 스페이스의 신(新) 영상물에 관한 조사 분석 등이 중
간 과제인 영상분석 연구의 주제로 제시되었다.

■ 참고 문헌

김수진, 〈시선의 정치로서의 기억〉, 《역사와 문화》 통권 2호, 문화사학회, 푸
　　　른숲, 2000.

김현숙 · 김수진, 〈영화 속의 모성, 영화 밖의 모성〉, 《사회와 역사》 통권 제52
　　　호, 한국사회사학회, 문학과지성사, 1997 가을호.

김현숙, 〈영상사회학의 발전과 영역의 확대〉, 《한국예술종합학교 논문집》.

―― 〈영상정책과 영상산업 및 영상운동을 둘러싼 현 단계의 주요 문제와 쟁
　　　점들〉, 《易 Trans》, 한국예술종합학교 영상원, 씨앗을 뿌리는 사람들,
　　　2000.

이경영, 《대항매체로서의 사진》, 작크와 콩나무, 1994.

정평국, 《영상다큐멘터리론 : 이론과 실제》, 나남, 1994.

주은우, 〈현대성의 시각 체제에 대한 연구―원근법과 주체의 시각적 구성을
　　　중심으로〉, 서울대학교 대학원 사회학과 박사학위 논문, 1998.

Rudolf Arnheim 김정오 역, 《시각적 사고―미술의 인지심리학적 기초》, 이화
　　　여자대학교 출판부, 1982.

Erik Barnouw 이상모 · 도성희 역, 《세계기록영화사이야기 : 다큐멘터리》, 다
　　　락방, 1992.

Andrew Barry(1995) 'Reporting and Visualing', Jenks, C. (ed.) Visual
　　　Culture. London : Routledge.

Roland Barthes 조광희 역, 《카메라 루시다》, 열화당, 1986.

Howard Becker(1994) 'Photography and Sociology'. Studies in the

Anthropology of Visual Communication 1 : 3~26.

———— (1995) 'Visual Sociology, Documentary, Photography, and Photojournalism : It' s (Almost) All a Matter of Context'. Visual Sociology 10(1-2) : 5~14.

Arthur Asa Berger (1989) *Seeing Is Believing*. Mountain View : Mayfield Publishing Company.

Robert Bogdan and Ann Marshall(1997) 'View of the Asylum : Picture Postcard Depictions of Institutions for People with Mental Disorders in the Early 20th Century'. Visual Sociology 12(1)

Elizabeth Chaplin (1994) *Sociology and Visual Representation*. London & New York : Routledge.

John Collier (1967) *Visual Anthropology : Photography as a Research Method*. New York : Holt Rinehart and Winston.

John Collier and Malcolm Collier (1986) *Visual Anthropology : Photography as a Research Method*. Revised and Expanded Edition. Albuquerque : University of New Mexico Press.

R. Craig, P. Kretsedemas and B. Gryniewski, (1997) 'Picturing African-Americans : Reders Reading Magazine Advertisements' Visual Sociology 12(1)

Timothy Curry (1984) 'A Rationale for Visual Sociology'. International Journal of Visual Sociology 2 (1) : 13~24.

———— (1985) 'Editorial : On the Relationship Between Sociology and Photography', International Journal of Visual Sociology 3(2) : 5 ~7.

Regis Debray 정진국 역, 《이미지의 삶과 죽음—서구적 시선의 역사》, 시각과 언어, 1994.

Gisele Freund 성완경 역, 《사진과 사회》, 눈빛, 1998

G. Fyfe and J. Law (1988) 'On the Invisibility of the Visual : Editors' Introduction', G. Fyfe and J. Law(ed.) *Picturing Power : Visual*

Depiction and Social Relations. Sociological Review Monograph 35. London : Routledge.

Erving Goffman (1979) *Gender Advertisements.* London : Macmillan.

John Grady (1996) 'The Scope of Visual Sociology'. Visual Sociology 11(2) : 10~24.

Stuart Hall (ed.) *Representation : Cultural representations and Signifying Practices.* London : Sage Publication.

Douglas Harper (1988) 'Visual Sociology : Expanding Sociological Vision'. The American Sociologist 19 (1) : 54~70.

──────── (1994) 'On the Authority of the Image : Visual Methods a the Crossroads', Denzin, Norman K. and Yvonna Lincoln (eds.) *Handbook of Qualitative Research.* Newburry Park : Sage.

──────── (1996) 'Seeing Sociology'. The American Sociologist 27 (3) : 69~78.

Karl G. Heider 이문웅 역, 《민족지 영화 : 영상인류학에의 초대》, 일신사, 1992.

Leonard Henny (1983) 'Editorial'. International Journal of Visual Sociology 1, Summer : 3~7.

──────── (1986) 'Trend Report : Theory and Practice of Visual Sociology'. Current Sociology 34 (3) : 1~76.

Leonard Henny and Timothy Curry (1984) 'Report on the First International Conference on Visual Sociology in Windsor, Canada, August 1983'. International Journal of Visual Sociology 2(1) : 7~12.

Martin Jay (1988) 'The Scopic Regim of Modernity', Foster, H.(ed) *Vision and Visuality.* Seattle : Bay Press.

Chris Jenks (ed.)(1995) *Visual Culture.* London : Routledge.

Jean-Claud Lemagny and Andre Rouille, 정진국 역, 《세계사진사》, 까치, 1993.

J. P. Mayer (1945) *Sociology of Film : Studies and Documents.* London :

Faber and Faber Limited.

Michael Renov (ed.) (1993) Theorizing Documentary. New York / London : Routledge.

Andre Rouille 정진국 역, 《사진의 제국 1839~1870》, 열화당, 1992.

Clarice Stasz (1979) 'The Early History of Visual Sociology', Wagner, J. (1979) (ed.) *Image of Information : Still Photography in the Social Science*. Beverly Hills/London : Sage.

Jon Wagner (ed.) (1979) *Images of Information : Still Photography in the Social Sciences*. Berverly Hills / London : Sage Publications.

Chritopher Musello (1979) 'Family Photography', Wagner, J.(1979)(ed.) *Image of Information : Still Photography in the Social Science*. Beverly Hills/London : Sage.

4. 영상인류학

■ 참고 문헌

레슬리 화이트, 《문화의 개념》(이문웅 역), 일지사, 1977.

레슬리 화이트, 《문화과학: 인간과 문명의 연구》(이문웅 역)(대우학술총서 533), 아카넷, 2002.

John, Jr. Collier(1967) *Visual Anthropology: Photography as a Research Method*, New York: Holt, Rinehart and Winston.

Alan Rosenthal(1996) *Writing, Directing, and Producing Documentary Films and Videos*(revised ed.), Southern Illinois University Press.

■ 찾아보기

글쓴이

김기덕
건국대학교 사학과 및 대학원 졸업(문학 박사)
현재 영상역사연구소장, 건국대 사학과 강사

김덕묵
한국정신문화원 한국학대학원 민속학과 석사과정 졸업
현재 한국민속기록보존소 소장

김현숙
서울대 사회학과 박사과정 수료
한국예술종합학교 영상원, 서울산업대, 가톨릭대 사회학과 강사 역임

이문웅
서울대 사회학과(문학 석사), 미국 라이스 대학교(인류학 박사)
한국문화인류학회장 역임, 현재 서울대 인류학과 교수

임세권
고려대학교 사학과 및 대학원 졸업(문학박사)
현재 안동대 인문대 사학과 교수

우리 인문학과 영상

● 2002년 8월 15일 초판 1쇄 인쇄
● 2002년 8월 20일 초판 1쇄 발행
● 지은이 ────── 김기덕, 김덕묵, 김현숙, 이문웅, 임세권
● 펴낸이 ────── 박혜숙
● 편집 ─────── 노경인, 김주영, 김유나
● 영업 ─────── 양선미
● 관리 ─────── 정옥이
● 인쇄 ─────── 백왕인쇄
● 제본 ─────── 문원제책
● 펴낸곳   도서출판 푸른역사
         우 140-170 서울시 용산구 동자동 5-1 성사빌딩 207
         전화: 02 · 756-8956(편집부) 02 · 756-8955(영업부)
         팩스: 02 · 771-9867
         E-Mail: bhistory@hanmail.net
         등록: 1997년 2월 14일 제13-483호

· 잘못 만들어진 책은 교환해드립니다.